인간자원개발론

김남선 · 김만희

대구대학교출판부

인 간 자 원 개 발 론

국립중앙도서관 출판시도서목록(CIP)

인간자원개발론 / 지은이: 김남선, 김만희. --
경산 : 대구대학교 출판부, 2006, ₩10,000
p. ; cm

ISBN 89-7794-387-6-93350

325.3-KDC4
658.3-DDC21 CIP2006001218

머리말

오늘날의 사회는 급속한 속도의 산업발전 속에서 많은 지식과 기술을 요구받는다. 정보, 과학 등의 모든 분야에서 눈부신 발전은 계속되고 있다. 이 시대에 무엇보다도 절실히 요구되는 것은 이러한 모든 변화를 만들고 지배하는 우수한 인재를 양성하는 것이라 할 수 있겠다. 세계적으로도 인류를 지배하고 우수한 문화와 문명을 만들어내는 나라들은 우수한 인재가 많음을 볼 수 있으며, 세계의 우수한 기업들을 보더라도 그 기업이 성장할 수 있음은 경영자의 올바른 경영철학과 비전, 그리고 우수한 인재를 발견하고, 양성하고자 하는 내면적 가치관이 하부구조까지 유기적으로 결합됨으로써 일구어낸 산물이 아닌가 싶다.

우리사회도 이제 모든 분야에서 전문인재를 요구하고 있다. 언제, 어디서, 어떻게 닥쳐올지 모르는 우발상황에 슬기롭고 지혜롭게 대처하기 위해서는 사회, 개인, 정부 모두가 적극적으로 준비하는 노력이 필요하며, 그런 인재를 양성하기 위해 적극적으로 투자하고, 전문적으로 설계하는 준비된 노력을 하는 조직도 필요하다. 그러나 현장에서는 이러한 노력들이 피상적으로, 관용적으로 원용되는 사례도 많이 있다. 실제로 우리 조직에서는 어떠한 노력을 어떻게 적용해야 할 것인가에 대한 심각한 고민도 없이 그저 '인기 있는 것' '잘 나가는 것'에 대한 강박관념을 떨쳐버리지 못하는 것 같다. 이제는 조직이 평생학습의 관점에서 인재를 양성해야 한다. 이러한 인재양성은 각 조직에서 인간개발, 인성교육, 직무교육, 인적자원개발 등 많은 용어들로 각기 다르게 부르고 있다. 이 책은 조직과 기업에서 필요한 인재를 양성하기 위해 실시하고 있는 인재양성 관련 용어들을 '인간자원개발'이라 통일하여 그 개념과 원리, 내용들을 평생학습의 기본적 원리와 내용들과 함께 설명하였다. 물론 한권의 책으로 각 분야의 조직에서 이루어지고 있는 인간자원개발에 대한 기초내용을 다 담기는 부족하고, 부문별로 더 정리하고 구체화해야 할 내용이 많다는 것을 느낀다. 그것은 이 분야를 연구하는 또 다른 학자들에 의해 발전될 수 있으리라 믿는다.

이 책은 총 8장으로 구성되어 있으며 전반부에는 인간자원개발에 대한 기본원리와 방법, 내용을 소개하였고, 후반부에는 평생학습, 평생교육의 기본내용을 인간자원개발 사례와 함께 설명하여 평생학습의 관점에서 인간자원개발을 이해할 수 있도록 하였기 때문에 학자에 따라 견해를 달리 할 수도 있으며, 더불어 많은 조언과 비판도 요구된다.

앞으로 이 책이 평생학습의 관점에서 인간자원개발을 공부하고자 하는 학생들에게 도움이 되기를 바란다.

2006. 6월
저 자

목 차

Ⅰ 인간자원개발의 기초

우리가 살고 있는 현대사회는 과거와는 달리 급속하게 지식정보화 사회로 변화하고 있다. 이러한 환경 속에서 인간은 지속적으로 자신에게 필요한 지식을 습득함으로써 자신의 자질과 능력을 지속적으로 개발하여 변화하는 지식정보화 사회에 적응할 수 있기 때문이다.

인간자원개발(Human Resource Development : HRD)은 인간, 자원, 개발이라는 세 단어가 조합되어 있는 복합어이다. 이 복합어를 이루는 요소 각각의 의미에 대한 의문들을 정리하면 다음과 같다.

→ 일차적 의문 : 인간이란 무엇인가? 자원이란 무엇인가? 개발이란 무엇인가?
→ 이차적 의문 : 인간을 자원이라 볼 수 있는가? 어떻게 자원을 개발할 수 있는가? 어떻게 인간을 개발할 수 있는가?
→ 삼차적 의문 : 자원으로서의 인간을 어떻게 개발할 수 있는가?

이러한 의문들은 인간자원개발에 대한 기본적인 개념을 이해함으로써 해결될 수 있을 것이다. 이러한 의문의 중심은 과연 "인간"이 개발의 객체가 될 수 있느냐?, 노동경제학에서 이야기 하는 투입 후 즉각 산출이 가능하여야 할 것인가? 하는 것인데 학자들에 따라 많은 논쟁이 있었고, 현재도 논쟁이 되고 있다. 그러나, 인간자원개발은 노동경제학적인 측면만을 강조하는 것도, 또한 투입 후 장기적인 계획으로 운영이 되는 평생교육적인 측면이 조화를 이룸으로써 그 효과성이 배가 될 수 있을 것이다.

1. 인간자원의 이해

지구상에 존재하는 자원을 분류하면 물적 자원(physical resources), 재정적 자원(financial resources), 인간자원(human resources) 등으로 구분

물적 자원은 기계, 기구, 시설, 설비, 제품 원료들을 말한다. 즉, 고정자원이며, 유형자원으로, 일반 대중이 그 양의 많고 적음을 판단할 수 있는 근거를 제공한다. 기업의 본사 건물은 물적 자원 중의 예이다.

재정 자원은 유동자산이라고 일컬어지며, 여기에는 현금, 채권, 주식, 투자금, 운영자본이 포함된다. 물적 자원과 마찬가지로 그 양은 은행, 투자가, 일반대중으로부터 평가 된다.

인간자원은 물적 자원, 재정적 자원과 대비되는 자원으로 인간의 노동력을 일반 다른 자원과 같은, 자원의 하나로 보고 이르는 말이며, 고정자산이나 유동자산처럼 정형화된 측정 기준과 방법은 부족하기 때문에 그 가치를 측정하기는 어렵다.

따라서, 인간자원은 사람의 노동력을 자원으로 보고 무한한 가능성과 잠재력을 가지고 있는 것으로 평가된다.

2. 인간자원개발의 의미

1) 인간자원개발의 개념

인간자원개발(human resource development : HRD)에 대한 정의는 학자에 따라 다양하게 설명하고 있는데 이를 살펴보면 다음과 같다.

→ **미국훈련개발협회(ASTD : American Society Training Development):**
인간자원개발은 "고용주가 고용인들에게, 또는 조직이 비고용인들에게 그 조직의 목적에 따라 직무수행의 증진이나 성장을 위해 정해진 기간 내에 제공하는 조직적인 학습활동"이라고 정의하였다.

→ **Nadler & Wiggs :**

인간자원개발은 '직무나 과업을 처음 수행하거나 현재의 직무나 과업의 수행을 향상시키는데 필요한 기술, 지식, 태도를 학습하는데 초점을 맞추는 기법'이라고 정의하고, 이를 다시 훈련, 교육, 개발[1]로 구체적으로 구분하면서 "훈련"은 현재의 업무수행을 촉진하는 능력을, "교육"은 좀 더 포괄적인 전반적인 능력을, "개발"은 조직을 대상으로 한다고 정의하였다.

→ **Gilley와 Eggland :**

인간자원개발이란 "직무, 개인, 그리고 조직의 개선을 목적으로 직무수행이나 개인적인 성장을 위해서 조직 내에 마련된 체계화된 학습활동이다."라고 정의하였다

→ **House :**

인간자원개발이란 "학습을 통해 고용인의 태도를 변화시키고 기술과 지식을 증가시켜 고용인의 직무수행능력을 증대시킴으로써 이들의 직무수행(performance)을 향상시키려는 시도"라고 정의하였다.

이러한 다양한 학자들의 정의를 종합해 볼 때, 인간자원개발(Human Resource Development : HRD)이란,

조직차원에서 "조직구성원의 직무수행 향상은 물론, 나아가 조직의 생존과 번영을 위해 이루어지는 총체적인 학습 활동"이라고 정의할 수 있으며, 기본적으로는 구성원의 직무수행을 향상시키는데 관심을 두고, 구성원의 학습이 곧 조직의 성장과 발전에 연결되어 있다고 보고 있음을 알 수 있다.

2) 인간자원개발의 분야

인간자원개발이 조직차원에서 구성원의 직무능력을 향상시키는데 관심을 두고 구성원의 학습활동을 촉진시키는 총체적인 활동이라 정의할 때, 인간자원개발은 세

---

1) Lawrie(1990)는 어떤 변화에 목적을 두느냐에 따라 위의 세 용어를 구분하여 사용하고 있는데 "훈련"은 행동을 "교육"은 지식을 "개발"은 태도나 가치를 변화시키는 것이라고 했다.

가지 종류의 학습활동으로 구분할 수 있음.

→ **'직무'**는 종업원이 현재 하고 있는 일에서 좀 더 효과적으로 기능할 수 있도록 하는 학습경험과 관련되며,

→ **'개인'**은 각 개인이 비교적 가까운 장래에 할 뚜렷한 일을 준비하는 학습경험과 관련되고,

→ **'조직'**은 개인으로 하여금 향후 맡게 될 새로운 일에 대하여 준비된 상태가 되도록 하고, 자신과 조직의 미래를 준비하는 학습경험과 관련되는 것이다.

→ 이러한 세 가지 차원은 학습경험의 종류를 구별하여 직무에는 훈련, 개인에게는 교육, 조직에서는 개발이라는 의미와 연결된다. 이를 요약하면 <그림 I . 1>과 같다.

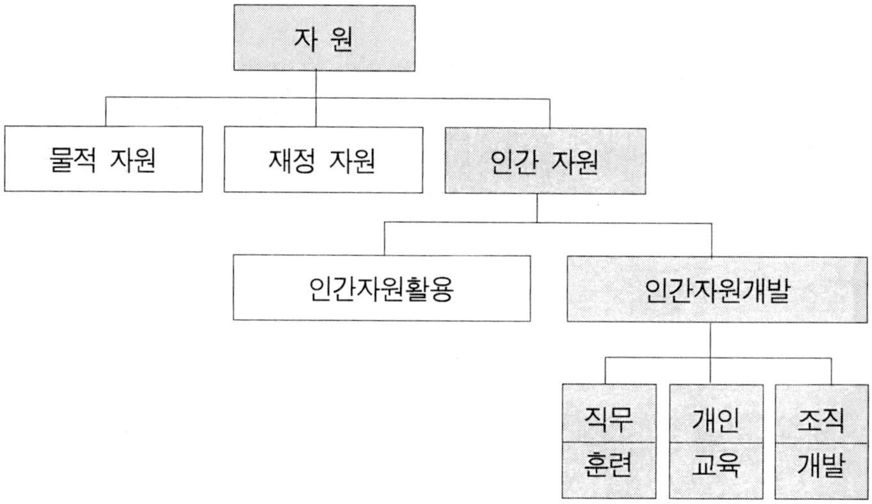

〈그림 I . 1〉 자원의 형태와 인간자원개발의 영역

첫 번째 분야: 교육

인문학자들에 의하면, 교육이란, 과거의 전통과 지식을 새로운 세대에게 물려주는 역할을 한다고 본다. Knowles에 의하면, 교육이란 전인(全人)의 개발에만 쓰일 수 있는 용어이므로 훈련이나 교화(indoctrination)와 같은 것은 제외되어야 할 개념이다.

그러나, 일상생활에서 사용되는 교육이라는 용어는 훨씬 넓은 의미로 쓰이고 있으며, 대부분의 사람들 또는 기관들이 가진 서비스나 자원을 이용하여 의도적, 체계적으로 자신의 능력을 증진시키는 일이 교육이라고 본다.

즉, 교육은 개인의 입장에서 볼 때 자기개발이고, 조직의 입장에서 볼 때 종업원의 성장과 개발인 동시에 조직의 효과성을 높일 수 있도록 하는 기반이다. 흔히 인간자원개발을 조직의 목적을 위하여 종업원들을 최대한 활용하려는 측면에서 직무훈련에만 관심을 두는 것으로 보는 경우가 많은데 이는 인간자원개발을 좁은 의미로만 해석하는 것이라 할 수 있다.

이와같이 교육은 개인이 새로운 지식, 이해, 기술, 태도, 가치, 흥미 등을 획득하는 모든 경험이며, 현재의 직무와 다른 특정 분야이거나 같은 분야라 하더라도 개인의 전반적인 능력을 현재 이상으로 증진시키는 것이라고 할 수 있으므로, 반드시 개인이 현재하고 있는 일과 관계없는 것일 수도 있다.

두 번째 분야: 훈련

훈련이란, 개인이 지금 현재 하는 일, 또는 고용되어서 곧바로 해야 할 직무에 대한 수행능력을 증진시키기 위한 제반 활동을 말한다. 즉, 훈련의 주요한 관심은 곧바로 해야 하는 특정한 직무의 수행능력을 높이는데 있다. 훈련이 교육과 다른 점이 바로 여기에 있으며, "즉시성"과 "특정성"이라는 의미를 가지고 있다.

Parrot(1976)에 의하면, 훈련이 개인에게는 자신의 현 직무수행 향상을, 조직에게는 조직의 직무수행을 향상시키기 위한 것이며, 동시에 개인의 가능성을 발휘하여 종업원으로 하여금 자신의 삶으로부터 더 많은 것을 얻도록 하는 것이라고 하였다.

이처럼 훈련은 개인의 특정 기능을 향상시켜 어떤 직무에 숙달하도록 하는 것이며, 그 내용은 개인이 담당하고 있는 직무에 따라 달라질 것이다.

Peters(1965)는 훈련의 의미를 교육과 구별하면서 교육이 즉시적 목적을 두고 있지 않으므로 훈련과는 구별된다고 보았다. 그에 따르면, 교육적 활동에는 두 가지 조건이 있는데, 교육은 무엇인가 가치 있는 것에 대하여 도덕적으로 용납할 수 있는 방법으로 해야 한다는 "가치조건"과 지식과 이해의 개발을 포함해야 한다는 "인지조건"이 모두 만족되어야 하지만, 훈련은 그런 엄격한 조건이 필요 없다고 본다.

그러나, 훈련에서 사용된 방법과 교육에서 사용된 교수방법이 같을 수도 있으며, 어떤 특정 방법에 훈련에서만 또는 교육에서만 사용되어야 된다는 제한은 없다. 단지 교육의 목적은 궁극적으로 개인에게 있지만 훈련의 목적은 그가 담당하는 직무에 있다.

세 번째 분야: 개발

개발이란, 조직이 발전하는 어떤 가능성이나 능력을 이끌어낸다 또는 더 발전되거나 효과적인 상태로 이끌어간다는 뜻으로서 인간자원개발 분야에서는 조직이 커가고 변화함에 따라 구성원 자신도 발맞추어 나갈 수 있도록 준비하는 것을 의미한다.

즉, 현재의 직무에 중심을 두고 있는 훈련이나 다른 직무에의 준비에 주요 중심을 두고 있는 교육과는 대조적으로, 개발은 직무에 직접 관련이 되지는 않는다.

예를 들면, 어떤 회사에서 10년간 근속한 사원에게 6개월간 유급휴가를 주어 그가 현재하고 있는 일과는 전혀 관계없고, 또한 승진에도 혜택이 없는 활동을 할 수 있도록 배려하였다고 하면, 이것은 개발에 해당된다. Nadler는 이러한 개발의 목적이 지향하는 두 영역, 즉 개인이나 조직 모두에게 이익을 줄 수도 있지만 그 목적을 조직에 맞추도록 개인에게 강요해서는 되지 않는다는 것을 지적하고 있다.

그러므로 우리가 '인간자원개발'이라고 할 때 쓰인 '개발'이라는 용어는 포괄적인 개념으로서, 그 안에 앞의 훈련이나 교육의 개념도 포함된다고 본 것이다. 이처럼 HRD의 활동형태들을 나타내는 용어들은 일상적인 의미와 약간 다르게 통용되고 있는데 이들을 정리하여 보면 다음과 같다.

이와 같이 인간자원개발은 세 가지 종류의 학습경험을 포함하는데, 이러한 세 가지 차원은 학습경험의 종류를 구별하여 직무에는 훈련, 개인에게는 교육, 조직에서는 개발이라는 연결고리의 근간이 된다.

☞ 교육, 훈련, 개발의 관계

실제로 인간자원개발에서는 교육, 훈련, 개발이 별개의 분야로 존재하거나 배타적인 것이 아니고, 실질적으로, 또 기능적으로 상호 관련되어 있는 것이다. 이를 이해하기 위한 시도들은 두 가지 접근방법으로 구분 된다. 하나는 **상호연관성을 중심으로 하는 모형**이고, 또 다른 하나는 **영역의 포괄성에 따른 모형**이다.

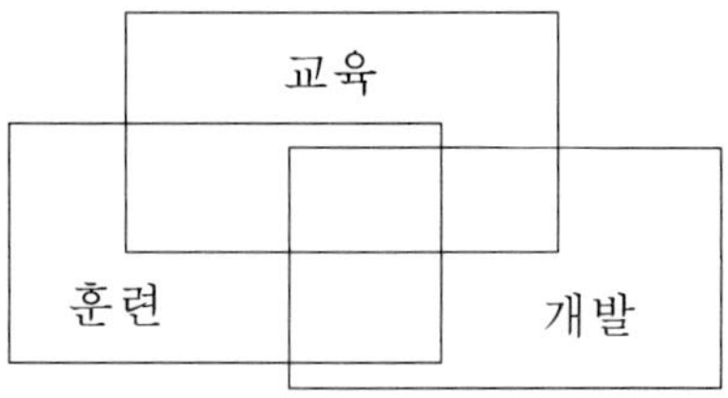

〈그림Ⅰ. 2〉 상호연관성 모형

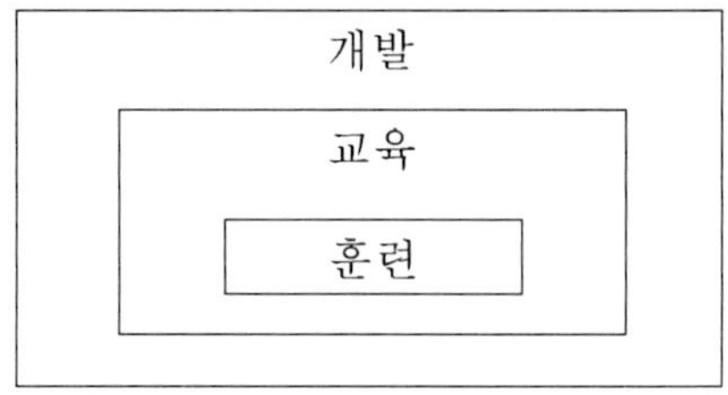

〈그림Ⅰ. 3〉 포괄성 모형

<그림Ⅰ. 2>는 현실적으로 각 활동 형태에 독특한 영역이 있음을 나타내는 고유성과 동시에 두 영역, 또는 세 영역이 공유하는 부분도 있음을 보여주는 것이며,

<그림Ⅰ. 3>은 이론적으로 각각의 개념이 차지하는 영역간의 포함관계를 나타내는 것이다. 영역을 구분하는 것이 각 영역의 개념을 이해하는데 도움이 되기는 하지만 실제 활동에 있어서 훈련-교육-개발은 같은 목적, 즉 산업체 또는 조직의 생산성을 높이거나 능률을 증진시키고, 개인의 잠재능력을 개발하는 목적을 공유하는 것이다.

이와는 다른 각도에서, 각각의 개념이 갖는 고유성과 차이점을 강조하는 견해도 있다. 세 영역에서 공통되는 점은 변화이며, 어떤 측면에서 변화인가라는 점에서 다르다는 것이다. 훈련은 행동을, 교육은 새로운 지식을, 그리고 개발은 태도와 가치를 각각 그 변화의 대상으로 삼는다. 이러한 대상에 따라서 평가하려는 관심 분야나 그 방법이 달라야 하는데, 목표로 삼는 변화의 대상이 행동, 지식, 태도 가운데 무엇에 대한 것인지 분명해야 거기에 맞는 방법을 선택할 수 있다는 것이다.

Lawrie(1990)는 어떤 변화를 도모하는가에 따라 교육, 훈련, 개발의 세 용어를 구분하여 사용하고 있는데 훈련은 행동을, 교육은 지식을, 개발은 태도나 가치를 변화시키기 위한 것이라고 하였다. 이들을 비교해 보면 <표Ⅰ. 1>과 같다.

〈표Ⅰ. 1〉 Nadler와 Lawrie의 정의 비교

	Nadler	Lawrie
훈련	현재 업무 중심	행동 변화 중심
교육	전반적 능력 중심	지식 변화 중심
개발	조직 중심	태도·가치 변화 중심

II 인간자원개발의 역사적 배경

1. 인간자원개발의 발전배경

어떻게 하나의 학문이 새로이 성립되고 발전되는가 하는 문제는 학문 내·외적인 이유를 동시에 고려해야 이해할 수 있다. 학문 내적인 이유란, 어떤 하나의 학문분야가 연구의 심화·발전에 따라 자생적으로 새로운 영역을 형성하는 경우를 말하는 것이며, 학문 외적인 이유란 학문 자체로부터의 요구가 아니라 현실사회로부터의 요구에 의해 기존의 학문영역의 여러 응용분야가 간(間)학문적(inter-disciplinary) 또는 다(多)학문적(multi-disciplinary) 접근을 시도하는 경우를 말하는 것이다.

이처럼, 학문분야가 새로이 생성, 발전, 소멸되는 것을 설명하는 몇 가지 관점들이 있는데, 이를 요약하면 다음과 같다.

첫째, 주기론(cyclicalism)

특정한 직종이나 학문분야가 발전하는 것은, 어떤 사회적 도전이나 문제에 대한 해결책으로 나타나거나, 사라진다는 것이다.

둘째, 진화론(evolutionism)

초기의 아이디어나 직무실행(practice)이 정선, 개선되어 새로운 버전으로 되며, 그것이 또, 개정되어 새롭고 더 좋은 아이디어나 직무실행이 된다고 본다.

셋째, 기능론(functionalism)

사회에 변화가 일어남으로써 새로운 요소, 또는 과거에 중요하지 않던 요소가 그 변화(새로운 특징)에 대응하기 위해 일어난다고 본다. 새로운 조직, 요구에 따라 그에 대응하기 위한 해결책이 발생하는 것처럼, 변하는 조직환경에서 나타나는 요구에 대응하기 위하여 생성한 것이라고 본다.

넷째, 갈등론(conflictism)

일반적으로 발전에는 방향성이 없으나, 분명한 것은 정(thesis ; action)·반

(antithesis ; reaction) · 합(synthesis ; merger)의 과정을 거친다고 본다.

이 가운데 어떤 하나의 이론이 HRD의 발전과정을 명확하게 설명한다고 보기는 어렵지만, 발달의 초기에는 사회여건과 조직환경의 변화에의 대응으로 보는 기능론이, 중간과정에는 시간의 경과에 따라 정선, 개선된다고 보는 진화론이 다른 관점들에 비해 더 설득력 있다고 판단된다.

2. 인간자원개발의 시기별 특징

인간자원개발의 시기별 특징은, 어떤 기준으로 시기를 구분하느냐에 따라 여러 가지 견해가 있을 수 있다.

→ Gilley & Eggland의 견해: 산업화의 이전과 이후, 그리고 최근의 정보화 사회로 구분하여 각 시기에 인간의 학습을 증진하기 위한 제반 환경이 어떻게 활용되었는가를 설명.

→ Pace, Smith & Mills의 견해: 고용인에 대한 강조점을 중심으로 HRD의 역사를 크게 네 부분으로 구분해 설명.

→ Nadler 등의 견해: 미국이 국가로 형성되고 산업이 발전되어가는 시기를 기준으로 HRD의 시기별 득징을 실명.

1) Gilley & Eggland의 견해

Gilley & Eggland(1989)는, 산업혁명이 일어나기 이전부터 인간의 학습을 증진시키기 위하여 활용되어 왔던 환경 가운데, 여덟 가지를 중심으로 시대의 변화에 따라 각각의 활용도를 분석한 바 있다.

이들 학습에 영향을 미치는 여덟 가지 환경이란 ① 개인, ② 가족, ③지역사회, ④ 교회, ⑤ 학교, ⑥ 대학, ⑦ 직장, ⑧ 매체인데 이들이 경제적인 측면과, 지역사회(정치적) 측면, 개인과 가족적인 측면에서 어떤 목적을 가지고 어떻게 활용되는지를 근간으로 HRD의 패러다임을 **산업화 이전의 사회, 산업사회, 정보사회**의 시대별로 비교하였다.

즉, 산업화 이전의 사회에서는 가족, 지역사회, 교회가 인간의 학습에서 매우 중요한 역할을 담당했었다. 그러나 산업화의 과정에서 더 잘 훈련된 인재에 대한 요구가 늘어남에 따라 중요한 학습의 환경이 가정으로부터 학교로 옮아가게 된 것이다. 정보화 사회의 발전은 학습 환경을 학교에 고정하지 않고 매체를 활용한 개별학습과 직장에서의 학습의 형태로 변화하도록 하고 있다.

도제식 직업교육 시대에 없던 과학적 관리(scientific management)가 19세기 중반에 **Taylor**에 의해 창안됨으로써 일대 전기를 맞게 되는데, 그는 노력의 낭비를 줄임으로써 기업의 생산성을 높일 수 있다고 보고, **직무설계(job design), 노동자 선발과 훈련, 과업수행(performance)과 계획을 분리하는 등의 이론을 정립**했다.

Taylor는 어떤 일을 하는 데에는 하나의 최선의 방법이 있으며, 다른 방법으로 하면 비효율적일 수밖에 없다고 믿었으며, 어떤 과업을 수행하기 위해 필요한 신체적, 정신적 특성이 노동자에게 있는지 확인되어야 하고, 또 그런 요구에 충족되도록 훈련되어야 한다고 하였다. 그래서 실제 직무를 수행하기 앞서 심도 있는 준비가 있어야 한다는 생각을 도입한 것이다.

마지막으로, Taylor는 관리자는 직무설계, 선발, 훈련, 계획의 책임이 있다는 결론을 내리고 있다. 산업혁명의 기간을 거치면서 HRD는 힘과 영향력을 발휘하게 되었고, 하나의 직무를 수행하기 위해 지속적인 훈련을 강조하였다.

다음으로 1920년대에 **Mayo**에 의해 수행된 Hawthorne 연구는 근대적인 조직과 그에 따른 HRD의 변화에 지대한 영향을 미치게 되었다. 그 연구에서 지적한 주요 특징은 모든 조직에 비공식 집단(informal group)이 있으며, 이 집단이 조직의 효과성과 효율성에 영향을 미친다는 점이다. 한 가지 또 중요한 발견은 **종업원에게 주는 관심의 양과 질이 생산에 영향을 미친다**는 점이다.

산업사회에서는 핵가족중심으로 가족의 형태가 변모되고, 대가족 제도의 붕괴와 함께 조직의 한 구성원으로서 인간을 이해하기보다는 개인으로 인식하고, 혈연을 중심으로 하는 1차적 공동사회의 특성보다는 2차적 이익집단이 일반화되기에 이르렀다. 지역사회의 규모도 근접성을 중심으로 하는 촌락의 형태를 벗어나 대규모 도시로 탈바꿈하게 되고, 이를 통제, 조정하기 위한 정치와 정부의 범위도 확대되었다. 농업이나 소규모 가내공업 또는 중소기업 중심이던 경제형태도 대량생산체제의 등장에 따라 큰 변화를 보게 되었다. 과거에 가족, 지역사회, 교회중심의 학습체제도 학교중심의 교육으로 전환되었으며, 매체를 활용하는 학습이 많이 등장한 것도 이 시기의 특징이라고 볼 수 있다.

현대사회의 특징을 요약하는 말로 한때는 "후기산업사회"라는 용어가 많이 쓰이더니 최근에는 "정보화 사회"로 대체되었다. 이른바 제4차 산업이라고 불리는 정보 관련 산업이 산업의 근간을 이루고 사회변혁을 이끌어가고 있는 것이다. 고도의 개인주의가 팽배하고 불안정한 가족제도, 대도시의 발달과 공동체의식의 결여, 직접 참여하기보다는 매체를 활용하는 정치, 국가간 무한경쟁 등은 정보화 사회에서 흔히 볼 수 있는 현상들이다. 이에 따라 가족과 지역사회, 교회의 학습체제로서의 역할은 감소되고 개인과 직장, 매체의 역할이 극대화되기에 이르렀다.

이들 가운데 학습체제에 관련된 변화를 종합해 보면 다음과 같다. 즉, 정보화 사회로 들어오면서 가족이나 지역사회의 역할은 감소한 데 비하여, 영향력이 강해진 학습체제 가운데 대표적인 것은 개인, 직장, 매체를 들 수 있다. 공식교육 또는 학교교육이 최종적인 교육으로 당연시되기보다는 위기에 처함으로써 학교 밖에서의 의도적 교육기회가 확대되고 산업교육이 그 대안으로서 중요한 역할을 하게 된 것이다.

2) Pace, Smith와 Mills의 견해

이들은 HRD의 역사를 크게 네 부분으로 구분하여 각 시기별로 어떤 수준기표(bench mark)들이 있고, 그것이 시작한 시기는 언제이고, 이들이 공통적으로 종업원에 대하여 어떤 점을 강조하였는가를 중심으로 기술하고 있다.

18세기까지는 '숙련'이 종업원에게 필요한 자질로 인식되어 왔었다. 19세기에 들어서며 '능률'이 강조되어 공장학교나 기업체, 학교, 정부, 전문가협회를 중심으로 어떻게 하면 종업원의 작업능률을 높일 수 있는가에 대하여 고심하다가 20세기 초에는 종업원의 만족을 높이는 것에 관심의 초점이 모아졌다.

이러한 상황이 제2차 세계대전이 끝나면서 어떻게 종업원들의 능력을 고양하면서 동시에 조직의 목적달성에 효율성을 기할 것인가에 대하여 관심이 모아졌고, 학문으로서 HRD를 정립하려는 노력도 시작되었다.

각 시기별로 구체적인 수준기표의 예와 그 시기를 구체적으로 정리하면 <표 Ⅱ-1>

와 같다.

〈표 Ⅱ. 1〉 HRD의 발전 시기별 수준기표(bench mark)

시기	종업원에의 강조점	수준기표(水準基標)	시작시기
제1기	숙련 (skillfulness)	ⓐ 비공식적 예(例) ⓑ 도제(apprenticeship) ⓒ 동업조합(guilds) ⓓ 기술훈련(craft training)	B.C. 3500년 이전 B.C. 2100 1100년경 1750년경
제2기	능률 (efficiency)	ⓔ 초기훈련 · 교육프로그램 ⓕ 공장학교(factory school) ⓖ 정부 노력(government efforts) ⓗ 관리(management) 대(對) 노동(labor) ⓘ 전문협회(professional association) ⓙ 기업체학교(corporate schools)	1800년경 1800년대 말 1800년대 말 1800년대 말 1930년대 초 1913
제3기	만족 (satisfaction)	ⓚ 관리훈련(management training) ⓛ 통신학교(correspondence school) ⓜ 정부 복지/노동력 프로그램 ⓝ 제2차 세계대전 프로그램	1919 1920년대 1930년대 1940년대 초
제4기	능력고양 (enhancement)	ⓞ 미국훈련감독자협회(ASTD) ⓟ '조직내 교육'으로서의 훈련 ⓠ 학문으로서의 HRD ⓡ ASTD와 HRD 관련 학술사회의 협동	1945 1950년대 1970년대 1980년대

출처 : Pace, Smith, & Mills(1991). p. 25.

3) Nadler와 Nadler의 견해

Nadler와 Nadler는 HRD가 새로운 분야가 아님을 강조하면서, 역사를 기술함에 있어서도 정의가 분명해야 함을 지적했다. 성인 교육이 실제로 존재한 것은 인류의 역사와 동일한 시기부터이지만, 미국의 경우 1920년대에 들면서 학문으로서의 성인 교육에 대한 정체감(identity)이 확립되어 성인교육에 대한 정의를 내릴 수 있게 된 때부터 그에 대한 역사를 기술할 수 있었던 것처럼, HRD의 역사를 논하려면 HRD의 정의가 분명해야 한다는 것이다.

이들에 따르면, 인간자원개발(HRD)이란, 일정한 기간 내에 과업수행의 개선이나 개인적 성장이 가능하게끔 고용주가 제공하는 조직화된 학습경험이다.

이러한 정의는 HRD의 핵심을 '조직화된 학습경험'에 두면서 몇 가지 기술 또는 조건을 명시하고 있다. '일정한 기간 내'에 이루어져야 한다는 시간적 제한과 과업수행상의 개선이나 개인의 성장을 목적으로 하는 목적지향성, '고용주가 제공하는' 것이라고 한정하는 활동주체의 제한성 등이 그것들이다.

이런 정의에 기초하여 보면, 산업화 이전의 사회에서의 'HRD'적인 활동들이 실제로 존재하기는 했지만, 19세기에 접어들면서 시작한 산업혁명을 기점으로 하여 근대적인 공장이나 산업 조직이 생겨나면서 비로소 하나의 체계로서의 조직과 그 조직의 구성원을 조직의 목적에 부합되도록 개발하기 위한 노력이 시작되었다고 볼 수 있다.

초기에는 동업조합을 결성하거나, 기술훈련을 체계적으로 실시하는 형태로 나타나기 시작하였고, 공장학교(factory school)나 기업체학교(corporate school) 등으로 점차 가시화되기에 이르렀다. 시기별 중요한 특징과 대표적인 학교나 기관, 조직이 설립된 연도들을 요약하면 다음과 같다.

(1) 국가의 등장(1800-1860)

→ 학습을 필요로 하는 새로운 기계들의 발명
→ 학교(schools of mechanical arts) 출현
· Rensselaer Polytechnical Institute(1814)
· New York Mercantiel Library(1820)
· Franklin Institute, Philadelphia(1824)
· Lowell Institute, Boston(1836)
· Cooper Union, New York(1859)

(2) 산업 발전 초기(1861-1890)

→ Morrill Land Grant Act(1862) : 연방 소유의 토지를 각 주에 주어 농업과 기계 분야의 대학을 세우도록 함.

고용주 제공의 HRD ← 공장학교(factory school)

· Government Printing Office(1861)
· Hoe and Company, New York(1872)

· Westinghouse(1888)
· Cheny Brothers Silk Mills of Manchester, Connecticut

(3) 산업 발전기(1891-1920)

→ 외국으로부터 이민자 급증
→ 미국화를 위한 성인교육 프로그램
· 통신교육 : Mining Herald(Shenandoah, Pennsylvania, 1891)
· YMCA와 같은 공공/자원단체에 의한 교육(미래의 직업을 위한)
· 기업 내 HRD 담당부서의 설치 : National Cash Register(1894)
· 사내 프로그램의 시작 : General Electric(1901)
· 각종 협회의 설립 : NSPIE(1906) → American Vocational Association (1925), National Association of Corporation Schools(1913) → National Association of Corporation Training(1919)으로 개명
- 교수기계(teaching machine) 발명 : Pressey, S. L.(1915)
- "기업체 교사"를 위한 과정 개설 : NYU, Carnegie Institute of Technology (1910 년경)
- 제1차 세계대전으로 인력 급증 → 단기학습, 교사경험 부족 ← Charles Allen의 JIT(job instruction training)
- 4요소 : 준비(preparation), 제시(presentation), 적용(application), 증명(verification)

(4) 번영과 공황(1920-1940)

→ 번영, 대공황, 회복 : J.C. Penney(1921)
· 고용인에 대한 훈련 제공, AMOCO(1924)
· 주유소 관리자 훈련
→ 제2차 세계대전으로 JIT의 확대 → TWI(Training Within Industry)
→ Dolley, C.R. & Dietz, W.의 "J" series : Job Instructor Training, Job Methods Training, Job Relations Training

(5) 전쟁과 전후(1941-1950)

→ 전쟁 수행을 위해 급히 필요한 인력의 양성

→ 주(state) 단위의 훈련감독자협회 설립 :

New Orleans(1942) - ASTD

Servicemen's Readjustment Act(G.I. Bill)

National Training Laboratory(NTL) 설립(1948) : sensitivity training → 조직개발 (Organization Development)

(6) 사람의 중요성 발견(1951-1960)

→ 감독자의 중요성 인식 → 감독자 훈련(특히 인간관계 훈련) 프로그램 등장
→ Skinner, B. F.의 활동: 프로그램 수업(programmed instruction)
· IBM 경영자개발센터(1957), Sands Point, New York
· Government Employees Training Act(1958)
· HOBSO(how our business system operates) program

(7) 격변기(Hectic Years : 1961-1970)

→ 전후세대를 주로 하는 노동력 구조

	25-34세	35-44세	고졸 노동력
1960년	38	23	50
1970년	42	19	70

→ Civil Rights Act(1964) : 소수민족의 노동력 진출 급증
→ HRD에 재원을 공급하는 각종 법안들 속출
· Area Redevelopment Act(1961)
· Manpower Development and Training Act(1962)
· Trade Extension Act(1962)
· Economic Opportunity Act(1964)
· Appalachian Redevelopment Act(1966), ...
→ ASTD의 개명(1965) :
· American Society for Training Directors → American Society for Training and Development, "Developing Human Resources(Nadler, 1970)" 초판 출간

(8) 일시적 유행과 개혁(1971-1980)

→ 과학기술의 발전, 우주선 달착륙(1968)
→ video film, video camera가 16mm film 대치
→ "human resources"라는 용어의 통용 확대
→ 인간자원의 중시(1973년 oil shock 이전까지)
→ 관리자 대상의 전직(outplacement) 훈련 등장
→ 1960년대에 등장하기 시작한 조직개발이 그 효과를 입증하기 시작함.
→ 명칭 변경의 유행(HRD director에서 OD director로)

(9) 고도기술(1981-)

→ 과학기술의 발전
→ 시장 세력의 변화
→ 생산직 인구의 감소와 서비스직 종사자 수의 증가
→ 컴퓨터의 활용
→ "재훈련"(retraining)과 같은 새로운 용어의 등장
→ 수월성 추구를 위한 막대한 훈련 비용의 지출

Nadler 부부가 이 책의 3판을 출간한 것이 1989년이므로 1980년대를 마지막으로 기술하였으나, 그 후의 변화는 더 빠르고 폭넓은 것이다. 1990년대에 시작된, 더욱 고도화된 각종 기술의 진보, 광케이블과 통신위성을 이용한 정보고속도로의 확충, 제품의 생산이나 무역과 관련된 각종 경제활동의 환경의 급변은 이에 대한 신속하고 적절한 대처의 여부가 생존을 좌우하는 기업들로 하여금 HRD에의 끊임없는 노력과 투자를 요구하고 있다.

Ⅲ 인간자원개발의 학문적 성격

1. 인간자원개발의 학문적 의미

'인간자원개발'은 심리학, 교육학, 행정학, 경영학 등 연결이 안 되는 분야가 없다. 즉, 응용과 동시에 다 학문적 요소를 복합화 하는 독창성(자주성)을 내포하고 있어, 성인학습차원에서 다루어져야 할 독창성과 응용성을 동시에 갖추고 있다.

→ Watkins: 미국에서 인간자원개발(HRD)이 학문적 의미로서 어떻게 발전되어 왔는가를 발표한 대표적인 학자이다.

→ McLagan: HRD란 개인과 집단, 조직의 효과성을 높이기 위해 훈련 및 개발, 조직개발, 생애개발을 통합적으로 활용하는 것을 말하는데, Gilley와 Eggland는 이런 관점에서 HRD를 이해했다.

Carnerale, Gainer, Villet: 개인은 기업이 소유하고 있는 자본의 한 형태로서 경쟁우위를 유지하도록 가치를 증진시키기 위해서는 훈련을 받아야 한다고 본다. 그러므로, 각 개인은 기업자본으로써 노동이 갖는 경제적 가치, 훈련에 대한 비용 등 효과적 측면에서의 접근을 시도해야 하므로 교수체제설계(ISD)를 선호하는 입장이다.

→ Jacobs: 인간자본론과 행동주의의 결합을 강조한다. 다시 말해서 인간작업 수행공학(human perfomance technology)을 강조하면서, 인간을 자원으로 하여 개인과 조직의 목적을 달성하기 위해 인간의 작업 수행체계를 개발하고 관리하는 교수 공학적 입장을 강조한다.

→ Goldstein: 학습결과에 중점을 둔 산업 심리학적 측면에서 포커스를 맞추고 있다. 그는 훈련이 다른 작업 상황에 전이 될 수 있는가 하는 결과에 관심을 두기 때문에 전이가 일어나지 않은 훈련은 훈련이 아니라고

보는 경향이다. 훈련 전 업무분석이 있어야 하고, 훈련 후에는 연구에 기초한 모델로서 평가가 이루어지고, 이를 바탕으로 훈련과 전이의 타당성, 전이, 조직의 타당성이 검증되어야 한다고 말한다.

→ Nadler: 행동주의적 관점에서 HRD를 과업수행 능력의 개선이나 개인적 성장을 주어진 기간 내에 도모하기 위해 고용주가 고용인에게 제공하는 조직된 학습 경험이라고 피력하였는데, 이는 일련의 평생학습 측면에서 훈련, 교육, 개발의 영역을 중요시 한 것이다.

→ Senge: 최근 학문인 '제5의 학문'(the fifth discipling)이라고 불리는 체제적 사고를 강조하였다. 조직의 중요성을 강조하였으며, 조직이 단순한 현 상황의 적응이 아니고 미래를 위한 창출과 투자의 노력이 병행되고, 이를 위한 체제를 갖추어야 한다는 '체제적 사고'를 강조하였다. 또한, 학습이란 단순한 정보처리 이상으로 마음의 변화(Shift mind)가 일어나야 하므로 이러한 학습을 유발하는 것은 실제와 비전간의 차이에서 오는 창조적 긴장(Creative tension)이라고 보았으며, Nadler(1989)와 마찬가지로 성인학습을 강조하였다.

〈표Ⅲ. 1〉 미국 HRD의 주요연구 흐름

HRD담당자	교수-학습 이해의 기초	대표저서 /연구들	저자/연구자	소속조직대학
Competent performer	행동주의	Models for HRD practice	McLagan, P	ASTD
Developer of Human capital	인간자본론	Training in America	Carnevale, A. Gainer, L Villet, J	ASTD
Toolmaker	교수공학	Human performance technology	Jacobs, R	Ohio State university
Adult Educator	성인교육학	Developing human resources	Nadler, L	George washington university
Resercher/ Evaluator	행동주의산업 /조직심리학	Training and development in organizations	Goldstein, I	university of Maryland at college Park
Leader/ change agent	체제적 사고	The fifth discipline	Senge, P	MIT Sloan school of management

이러한 각 경향들은, 시대와 학자에 따라 HRD를 다르게 보았으나 어느 쪽이 옳다, 틀리다라고 말할 수는 없다. 현 시점에서 이들 이론들은 HRD의 학문적 성격을

규정할만한 기초자료가 되고 있는 것은 분명하다. 따라서 이들 다양한 HRD이론을 조직의 문화와 환경에 따라 다양하게 접촉시킬 필요가 있다. 이러한 조직의 발달은 구성원의 지속적인 교육, 훈련, 학습 등을 통해 가능한 것이다.

HRD가 일반학교 교육과는 달리 일하는 존재로서의 인간에 초점을 두어 일정한 목표를 공유하는 조직의 특성과 아울러 조직의 목적을 달성한 결과로서의 산출(output)에도 관심이 있다는 점에서의 산업심리학, 인간자본론, 조직심리학과 같은 입장에서 이해했다.

이와는 반대로 성인을 대상으로 하는 교육이라는 입장에서 HRD를 이해하려고 하는 **Nadler**는 "일하는 존재로서의 인간"에서 '일'에 주안을 두기보다는 '인간'에 더 포커스를 맞춘 것이라고 말할 수 있다.

그러므로 최근에 이르러 성인학습과 인간자원개발과의 관련성에 대하여 탐구를 하고자 하는 더욱 다양한 노력들이 나타나고 있다. 성인학습은, 명시적이든 명시적이지 않든, 확실한 자기 발전과 조직발전의 장이다. 어떤 학습 상황에서든 거기에 몰입한다면, 학습자들의 자아개념이나 자긍심, 또는 그들의 정체성에 영향을 줄 수 있다. 인지적 발달과 자아의식, 정체성은 전 성인기를 통해 일어나기 때문에 삶의 주기에 부합한 성인교육 프로그램의 체계적인 준비와 시행이 필요할 것이다. '인간자원개발'은 어느 시기에 단절이 아니다. 지속적으로 일어나는 과정인 것이다. 특히 성인기에 접어들면서 우리는 산업에 종사하게 된다.

이러한 점을 고려할 때, 직장 생활을 하는 동안 지식과 기술이 점차 시대에 동떨어져 사용할 수 없게 된다. 학습을 통해 결국은 보완하고 발전시켜 나갈 수밖에 없는 것이다. 따라서 한 조직에서도 'HRD'차원의 성인 학습에 눈을 돌리고 많은 학습 프로그램을 개발·유지하여 외부적인 강요가 아닌 생활 속에서 수시로 이루어질 수 있는 '자아몰입'의 학습조건이 필요하다. '인간자원개발'은 성인학습과 밀접한 관련을 맺고 있다. 불확실성의 미래사회에서는 조직에서 이런 당면과제를 얼마나 빨리 정착시키고 효과적으로 시행하느냐에 따라 커다란 변환과 발전을 가져올 것이다. 채용, 관리, 승진, 평가 등을 포함한 전 분야에서 복합적으로 이루어질 때 비로소 지속적인 조직성장과 발전이 온다.

2. 개인학습과 조직학습

학습은 개인적인 차원에서 이해되고 연구되어 왔는데, 이는 학습 주체가 개인이므로 자연스럽게 받아들여졌다. 그러나, 최근 조직에서 일어나는 학습활동이 다른 각도에서 연구되기 시작하였다. 조직구성원들이 학습한 것을 단순히 모아 놓는다고, 조직학습이 되는 것이 아니라, 살아있는 다른 유기체처럼 조직도 학습을 통하여 생존을 위한 적응력이나 다른 조직과 경쟁할 수 있는 능력을 구비하게 된다.

예를 들어, 종업원이 20명인 벤처 중소기업이 있다고 하자. 그 회사는 규모는 작지만, 모두가 개인적으로 능력 있고, 뛰어난 사람들로 구성되어 있다. 그들은 자기 분야에서 최고로 인정받기 위하여 끊임없이 노력한다.

이것만으로 이들이 최고의 기업이 되는가?..반드시 그렇지만은 않다.

조직체의 능력은 구성원들이 가지고 있는 개별적인 지식이 상호작용을 통하여 서로 연결되고, 새로운 지식을 창출해 낼 때 극대화될 수 있다. 구성원들간 지식의 창출과 습득, 전달이 잘 일어나고, 그것이 결과적으로 행동변하나 성과향상에 까지 연결되는 조직, 즉 학습조직(learning organization)이 그런 조직이라 할 수 있다. 조직학습은 다음과 같은 개념을 포함한다.

- 개별적 학습의 결과가 조직 차원으로 승화 · 발전된 학습형태
- 학습조직이라는 결과물에 도달하기 위한 과정개념으로 조직수준에서의 학습이 이루어지는 현상
- 조직학습의 두드러진 특징은 지식과 정보의 공유

조직에서의 지식이 어떻게 창출되고, 관리되어야 하는지를 연구한 노나카 이쿠지로(Nonaka)에 의하면, 조직에서의 지식은 구성원들의 상호작용을 통하여 창출된다. 구성원들이 가지고 있는 지식은 암묵지식(tacit knowledge)과 명시지식(explicit knowledge)으로 구분이 되는데, 암묵지식은 구성원이 실무현장에서 실제로 얻은 경험으로서 언어나 문장으로 표현되지 않은 지식을 말한다. 명시지식은 언어와 문장으로 표현할 수 있거나, 표현하고 있는 지식이므로 다른 구성원들도 알 수 있고 객관적이다.

노나카에 따르면, 조직에서 구성원들의 지식은 대부분이 암묵지식으로 존재하고, 조직에서의 지식창출은 명시지식과 암묵지식의 상호보완과 순환작용에 의하여 이루어진다고 보았다. 이러한 지식의 변환작용은 네 가지 형태로 이루어진다.

① 사회화(socialization): 구성원들이 경험(암묵지식)을 공유함으로써 새로운 암묵지식을 창출
② 외면화(externalization): 현장에서의 경험(암묵지식)을 정리하고, 개념화, 구체화하여 객관적인 지식, 즉 명시지식으로 전환

③ 결합(combination): 기존의 명시지식을 조립 · 연결 · 결합하여, 새로운 명시지식을 창출하는 과정
④ 내면화(internalization): 명시지식을 암묵지식으로 구현, 체화(體化)하는 과정

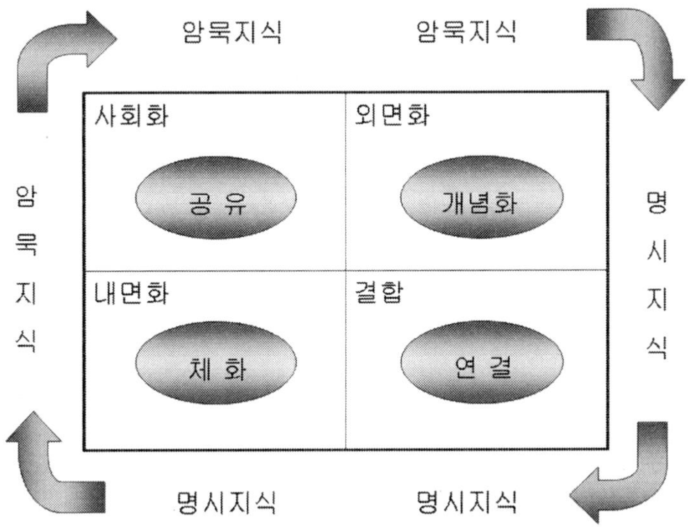

〈그림 Ⅲ. 1〉 지식의 변환과정

3. 학습조직의 형성단계

학습조직이란 "학습하는 조직"을 말한다. 학습은 살아 있는 생명체, 그 가운데 고등생명체에서만 일어난다. 이것은 개인의 경우나 조직의 경우나 같이 적용된다. 조직구성원들간 지식의 창출, 습득, 전달, 공유가 잘 일어나고, 그런 과정에서 얻어진 새로운 지식과 통찰력이 그들의 행동개선에 잘 반영되어 성과 있는 변화가 일어나는 조직이 학습조직이다.

학습조직에서는 구성원들이 다음과 같은 생각을 한다.
"나는 지금 아주 중요한 일을 하고 있다. 그 일은 개인적으로나 회사를 위해, 더 나아가 사회를 위해 중요한 일이다."
"따로 있을 때 보다 함께 있을 때 더 총명하므로, 뭔가 창조적인 일을 하려면, 개인에게 맡기지 않고, 팀에게 맡기려고 한다."
"종업원들이 마음속에 지니고 있는 생각, 비록 잘 다듬어진 생각이 아닐지라도

이것을 중요시한다."

"기업의 발전방향이나 비전은 최고경영자에게서만 나오는 것이 아니라 모든 수준에서 나온다. 최고경영자의 책임은 새롭게 등장하는 비전을 공유된 비전으로 만들어 가는 과정을 관리하는 것이다.

학습조직이론을 처음으로 체계화한 셍게(Senge)에 의하면, 조직의 학습은 생존을 위한 학습 뿐 만 아니라 적응적 학습, 나아가 생산적 학습으로 발전이 되어야 한다는 것이다.

개인은 행동과 성찰을 통하여 학습한다. 로스(Ross)등은 "학습의 바퀴"에서 네 단계의 과정을 통하여 학습이 이루어진다고 하였다.

먼저, 성찰(reflecting)은 자신의 생각이나 행동에 대하여 관찰자의 입장으로 깊이 생각해 보는 것이다. 두 번째 단계인 대안탐색이란, 아이디어와 가능한 행동들을 생각해보고 정리하는 것이다. 가능한 대안들이 어떤 것이며, 또 그것이 나를 둘러싸고 있는 환경(현실)에 어떻게 연관되는지를 살펴본다. 세 번째 단계에서는 실천에 옮길 방법을 결정한다. 전 단계에서 제시된 대안들 가운데 하나를 선택하고 왜 그런 선택을 했는지를 분명히 한다. 마지막으로, 행동에 옮기는데 앞의 세 단계에서 깊이 생각해 본 것이므로 지체 없이 행동에 옮긴다. 물론 과업이 끝나면, 다시 처음 성찰의 단계로 이어진다.

팀 학습 또는 조직학습의 경우에는 공개적 성찰(public reflection), 의미공유(shared meaning), 공동계획(joint planning), 협동실천(coordinated action)의 과정을 거친다.

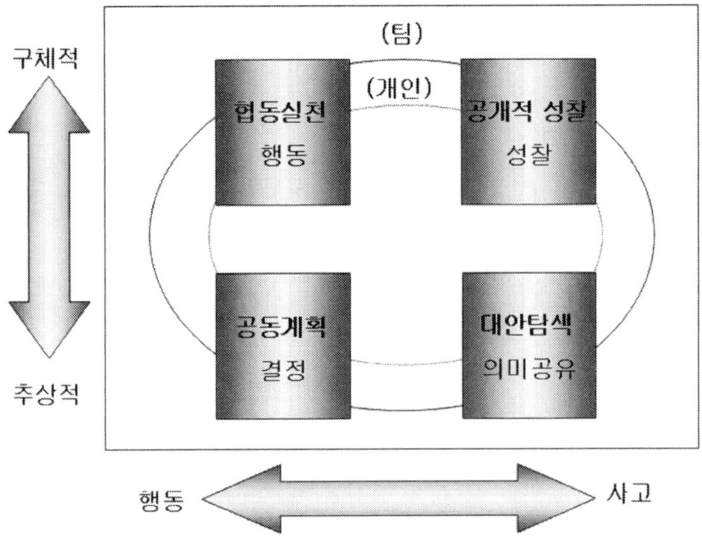

〈그림 Ⅲ. 2〉 개인 및 팀 학습의 과정

① **공개적 성찰**은 여러 사람이 모인 자리에서 브레인스토밍과 같은 방법으로 각자의 지적모형, 신념들을 말함으로써 서로를 이해할 수 있게 되고, 공통이 되는 기초를 다진다.

② **의미공유**는 각자 나름대로 알고 있는 것들의 모음이 아니라 "도대체 우리가 알고 있는 것이 무엇인가?"를 찾아봄으로써 공유하는 비전과 가치관을 분명히 하는 것이다.

③ **공동계획**은 어떤 단계를 거쳐 행동(실행) 할 것인지 공동으로 설계 하는 것이다.

④ **협동실천**은 팀 구성원들이 각자 다른 장소에서 다른 기능을 하면서 행동 할 수도 있다(반드시 공동실천일 필요는 없음)

이것을 콜(Kolb)의 학습유형에 대비하면 <그림Ⅲ. 3>, <표Ⅲ. 2>과 같다.

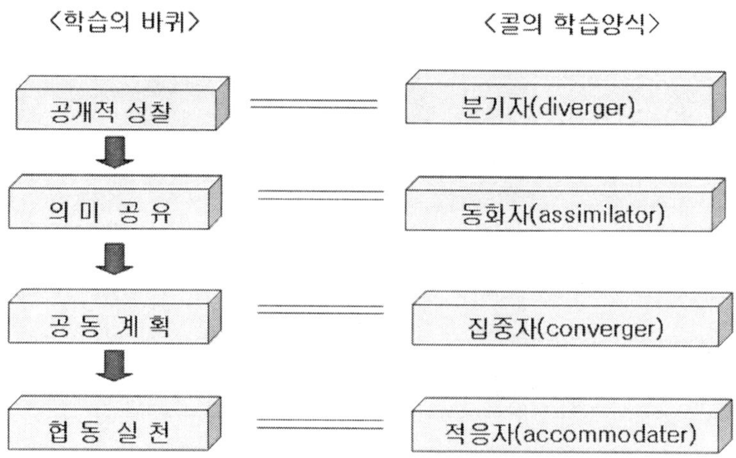

〈그림Ⅲ. 3〉 조직학습에 대응하는 학습양식

〈표Ⅲ. 2〉 콜의 학습유형

구분	동화자	적응자	집중자	분기자
지배적 학습능력	추상적 개념화 숙고관찰	구체적 경험 능동적 실험	추상적 개념화 능동적 실험	구체적 경험 숙고관찰
최대강점	이론모형 창출 능력	실행 및 새로운 경험에 열중	아이디어 실제 적용	상상력
선호 또는 능력을 발휘하는 상황	귀납적 추론, 다양한 관찰내용을 통합하여 설명	즉각적 상황에 적응	질문, 문제에 맞는 유일한 해답 찾기	다양한 관점에서 구체적 상황 파악
전형적 직업	연구, 계획	마케팅, 판매	공학	상담, 인사, 조직개발

4. 인간자원개발의 영역

HRD에서 말하는 개발은 포괄적인 개념으로서 학습의 세 가지 유형(훈련, 교육, 개발)에서 말하고 있는 개발과는 구별되어야 함을 앞에서 언급하였다. 이는 1989년 ASTD에서 밝힌 HRD활동의 세 영역, 즉 **훈련 및 개발(training and development : T&D), 생애개발(career development : CD), 조직개발(organization development : OD)을 포괄**하는 말이다.

Gilley와 Eggland(1989) : '개발'이라는 용어를 포괄적으로 사용하는 대표적인 학자들로 개인개발, 생애개발, 그리고 조직개발로 구분하여 논리를 전개하였다. HRD는 개념적으로 이러한 세 가지 영역이 공통적으로 만나는 부분이라고 한다.

Nadler(1989): 직무훈련, 개인교육, 조직개발이라는 측면에서 HRD활동 형태를 구분한 바가 있다. Ndaler(1974)가 말했던 것처럼 '훈련'만의 영역이 '훈련과 개발'로 폭 넓은 개념으로 발전한 것이다. 조직과 사회에 더욱 중요한 개념으로 인식되고 있는 것이다.

오늘날 이러한 발전은 결국 '훈련/개발', '생애개발' '조직개발'을 모두 포함하는 인간자원개발이라는 개념으로 확대되었다.

1) 개인개발

개인개발은 새로운 지식, 기능, 행동을 개발하여 개인이 현재 수행하고 있는 직무에 개선이나 증진을 가져오는 것을 의미한다. 이를 위하여 학습전문가나 학습자와 같은 인적 요소, 언어와 수업내용과 같은 정신적 요소, 교수와 학습과 같은 과정적 요소 등 개인개발 7요소에 대하여 살펴본다. 여기서 제시한 7요소는 개인개발을 통하여 능력을 최대한으로 신장시키는 데 필요한 최소한의 법칙들이다.

조직 내에서 이루어지고 있는 각종 활동이나 프로그램에 개인능력의 향상이라는 요소가 포함되지 않으면 개인의 적극적인 참여를 유도할 수 없다. 이런 의미에서 개인개발은 생애개발이나 조직개발의 출발점이기도 하다.

(1) 개인개발의 의의

개인개발(individual development : ID)은 새로운 지식, 기능, 행동을 개발하여 개인이 현재 수행하고 있는 직무에 개선이나 증진을 가져오도록 하는 것을 말한다. 미국훈련개발협회(ASTD)의 연구(1989)에서는 훈련 · 개발(training & development : T&D)이라고 하였으나 그러한 훈련이나 개발의 대상이 개인이라는 점에서 개인개발이라고 하여도 큰 차이는 없을 것이다.

HRD 활동형태로서의 훈련, 교육, 개발을 어떤 점에서 이해하든지 그 활동의 대상목표(target)가 개인이라는 점에서 다음 장에서 논의하는 생애개발이나 조직개발과는 구별된다(<그림Ⅲ. 4> 참조).

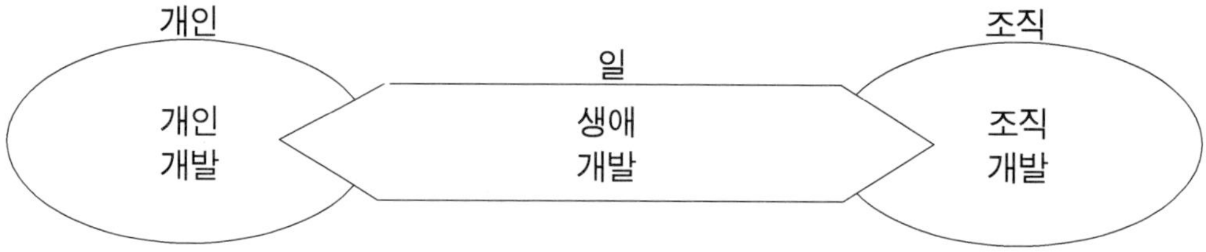

〈그림Ⅲ. 4〉 개인개발, 생애개발, 조직개발의 관계

이러한 개인개발에는 일곱 가지 요소가 있는데 그것은 학습전문가, 학습자, 언어전달, 수업, 교수과정, 학습과정, 정리와 응용 등이다. 이것들은 다시 크게 셋으로 구분하여 인적 요소로서의 학습전문가와 학습자, 정신적 요소로서의 언어전달과 수업, 과정적 요소로서 교수과정, 학습과정, 정리와 응용을 들 수 있다(<그림Ⅲ. 5> 참조).

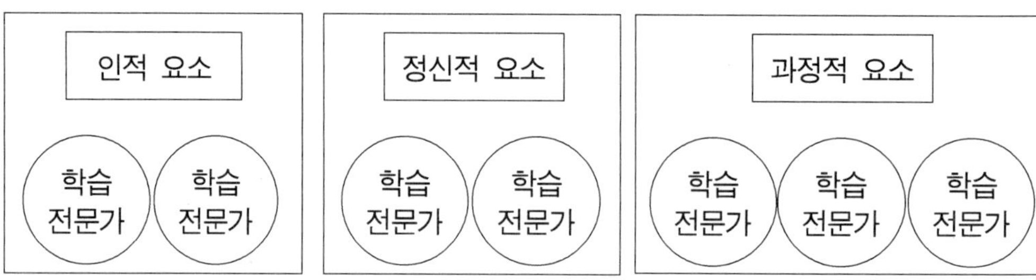

〈그림Ⅲ. 5〉 개인개발의 일곱 가지 요소

(2) 개인개발의 인적요소

개인개발에 관련된 사람들은 가르치는 사람과 배우는 사람으로 구분할 수 있다. 그러나, HRD에서 굳이 가르치는 사람을 '교사'나 '강사'라고 하지 않고 '학습전문가'라고 지칭하여야한다고 고집하는 이유는, 관점의 차이 때문이라고 할 수 있다. 흔히 학교교육에서는 교사가 차지하는 비중과 역할을 학습자에 비하여 상대적으로 중요시하는 경향이 있다. 아동을 대상으로 하는 교수-학습 과정에서 교사가 주도적 역할을 해야 한다는 점에 대해서는 대부분이 수긍을 할 것이다. 이런 맥락에서 '교사'라는 용어보다는 학습을 잘 하도록 조장하는 '학습전문가'라는 용어를 사용하기로 한다.

① 학습 전문가

첫째, 성인을 주 대상으로 하는 HRD 활동에서, 학습하는 내용에 대하여 전혀 모르는 상태에서 출발하는 아동들을 대하듯이 학습자가 학습내용을 모르고 있다고 생각하여 준비를 소홀히 해서는 안 된다.

둘째, 학습전문가는 일방적인 강의식 수업을 진행하는 강사보다 더 많은 경우를 미리 예상하여 대비하여야 한다. 학습자들의 다양한 요구를 미리 파악함은 물론 그것을 어떻게 수용할 것인지, 어떤 학습활동을 할 것인지 등 미리 계획을 세워야 할 것이다. 연구하는 일이 학습자만의 책임이라고 주장하는 것은 그릇된 일이다.

셋째, 준비가 부족한 상태에서 정리되지 않는 말이나 우발적인 이야기만으로 수업을 진행하는 일이 없어야 한다. 또한, 준비부족을 감추려고 학습자 이해수준을 넘는 어휘로 어렵게 진행해서는 되지 않는다.

② 학습자

첫째, 강의실에 오기 전이나 강의실에서 나간 후에도 수업을 계속하는 듯한 마음가짐이 필요하다. 수업을 시작하기 전부터 학습자의 주의집중에 실패하였다고 판단되면 차라리 늦게 시작하더라도 학습자의 관심과 주의력을 집중하는 일에 시간이 더 할애되는 것이 효과적이다.

둘째, 학습자의 주의력이 지속되는 시간은 약 15~20분 정도이다. 학습자의 주의력이 떨어져도 '이번 시간에 어디까지는 해야 되는데…'하는 생각에 그대로 계속하는 것은 시간낭비일 뿐이다.

셋째, 오래 된 노트나 자료를 가지고 강의하거나, 학습자들의 관심을 외면한 채 상식적인이야기 만 늘어놓는 일은 삼가야 한다.

(3) 개인개발의 정신적 요소

개인개발의 인적요소의 개발활동은 의사소통(communication) 수단인 언어전달과 수업을 통해 이루어지는데 여기서는 개인개발의 정신적 요소들인 이 두 가지 요소에 대하여 살펴보기로 하자.

① 언어전달

첫째, 가장 효과적인 의사소통은, 가장 단순한 말을 짧고 분명하게 사용하여, 기대하는 의미를 표현하는 것이다. 많이 배운 사람처럼 보이고 멋있게 보이려고 어렵고 복잡한 용어를 쓰는 것은 개인개발에서 우리가 언어를 사용하는 본연의 목적인 의사소통을 어렵게 할뿐이다.

둘째, 실제로는 잘 모르며 안다고 생각하는 학습자가 있다는 것을 알아야 한다. 학습전문가가 전달하고자 하는 내용과 전혀 다른 것을 상상하면서 '바로 이것이다'라고 착각하는 경우가 있을 수 있다. 각기 다른 삶의 세계에서 생활하던 성인들이 모인 학습자 집단이므로 이들의 언어는 다양한 배경을 가지고 있다는 것을 염두에 두어야 한다.

셋째, 학습자가 다시 설명해 달라거나 예시를 적극적으로 요구하지 않는다고 하여 그들이 전부 이해한 것으로 받아들여서는 안 된다. 성인학습자들은 대부분 이미 여러 차례의 실패 경험이 있고 또 체면을 중시하는 습관 때문에 질문하는 일을 자신의 무지, 몰이해를 드러내는 것이라고 생각해 모르는 경우에도 질문을 하지 않는 경우가 많기 때문이다.

넷째, 직장이나 가정생활 등에서 해결해야 할 문제들에 둘러싸여 있는 것이 일반적인 성인들의 모습이다. 따라서 몸은 교실에 있으나 생각은 다른 곳에 가있는 것을 흔히 볼 수 있다. 그러므로 학습자가 수업에 집중할 수 있도록 적절한 언어를 사용해 분위기를 환기시켜야 한다.

② 수업

첫째, 학습자들의 지식수준을 잘못 판단하거나 가정하여 학습자 수준에 비하여 지나치게 쉽거나 어려운 내용을 다루지 않도록 유의하여야 한다. 이는 학습동기를 유발하는데 장애요인이 된다.

둘째, 현재 수업의 자료를 이전 자료와 연결시키지 않으면서 학습자가 스스로 통합하도록 기대하는 것은 잘못이다. 명시적이든 암시적이든 학습내용을 통합할 수 있도록 단서를 제공하는 것은 학습전문가의 몫이다.

셋째, 주어진 시간에 비해 너무 많은 자료를 제시한 것은 아닌지, 충분한 연습과 숙달을 위한 시간을 제공하였는지를 검토하여야 한다.

(4) 개인개발의 과정적 요소

개인개발에서 학습자에게 학습이 잘 일어나도록 학습전문가가 돕는 과정인 '교수

(instruction)', 그리고 학습자에게 일어나는 과정인 '학습'과, 마지막에 그 내용을 정리하고 응용하는 과정에서 어떤 점에 착안하여 그러한 과정을 도울 것인지에 대하여 살펴보기로 한다.

① 교수과정

첫째, 학습자에게 지나친 기대와 요구를 드러내 보여서는 안 된다. 교수과정에서 학습자의 적극적 참여를 유도하기 위하여 학습자의 능력이나 의욕에 비해 지나친 요구를 하면, 시작도 하기 전에 아예 학습을 포기하는 일도 있다.

둘째, 학습규칙을 무시하여 학습자의 흥미와 열정을 감소시키는 일이 없도록 하여야 한다.

셋째, 학습자의 암기력 부족을 탓하는 등 학습자에 대하여 참을성 없는 태도를 갖지 않도록 하여야 한다.

② 학습과정

첫째, 배움 그 자체만으로도 의미 있는 일이라고 생각하여 실제에서의 응용을 소홀히 하면 HRD 본연의 목적을 상실하게 된다.

둘째, 학습자들의 독창적인 사고만을 주장하는 학습전문가는 실패하기 쉽다.

셋째, 용의주도한 교수방법이나 방향제시에 실패하면 학습자들은 무지상태에 빠지게 된다.

③ 정리와 응용

첫째, 학습전문가는 정리과정을 무시하는 일이 없도록 한다.

둘째, 성급하고 부적절한 정리로 대충 마무리해서는 안 된다.

셋째, 제시되는 학습자료나 아이디어의 대부분을 학습자들이 잊어버리고 있는데도 프로그램을 마칠 때까지 정리과정을 미루는 것은 잘못이다.

개인개발의 초점은, 지식의 획득, 필요능력과 기능의 개발, 현재 직무수행 능력증진이 가능한 행동을 체득하는 데 있다. 앞에서 다른 일곱 가지 요소는 개인개발을 통하여 능력을 최대한신장하기 위해서 HRD 담당자가 지켜야 할 최소한의 법칙이고, 이에 대한 위반이나 실수는 가능하면 피해야 할 사항들이다. 각 프로그램이나 활동은 조직의 필요뿐만 아니라 학습자 개인의 필요에도 기초를 두어야 할 것이다.

2) 생애개발

(1) 생애개발의 의미

① 생애개발이란

생애개발(career development)은 비슷하지만 조금씩 다르게 번역되어 사용되기도 하는데, 예를 들면, '경력개발'이나 '진로개발'이 그 대표적인 예이다. 'career'를 '생애'라고 쓰는 이유는, '생애'라는 용어가 개인의 일생에 걸쳐서 일과 관련된 일련의 활동이나 행동, 그리고 그에 관련된 태도, 가치, 열망 등을 뜻하기 때문이다.

생애개발을 정의하면, 짜임새 있는 활동이나 과정으로 구성되어 결과적으로는 조직구성원 개인과 조직 사이에 공통의 생애확인(career plotting)을 가능하게 하는 조직적이고 계획적인 노력이라고 할 수 있다. 여기서 생애확인이라는 말은 한 조직내에서 종업원이 설정하는 '생애계획(career planning)'과 경영자가 세우는 종업원들의 '생애관리(career management)'가 만나는 점의 위치를 표시하는(plotting) 것과 비슷하게 이해하면 될 것이다.

생애개발프로그램은 종업원과 감독자 모두에게 업무수행상의 문제를 줄이기 위해 좀 더 체계적인 방법을 제공함으로써 산업계에서 중요한 자리를 차지하고 있다.

② 생애개발 활동

생애개발에서 조직구성원 개인은 생애계획을, 조직(구체적으로 HRD 담당자)은 생애관리를 책임진다. 이처럼 구성원과 조직은 생애개발의 효과성을 증진하기 위해 생애개발 활동에 함께 참여한다. 생애개발 활동을 위해 사용된 시간과 양, 그리고 이런 활동을 중요하게 간주하는 점이 종업원과 조직 간의 조화를 증진시킨다. 즉, 자신이 속한 조직에 대하여 헌신하려는 의지나 노사간 조화로운 관계를 이끌어내는 일은 그리 어렵지 않을 것이다.

<그림Ⅲ. 6>에서 보는 바와 같이 개인의 활동과 조직의 활동이 만나는 부분을 생애개발 일치의 영역이라고 한다. 양자에 있어 생애개발의 목표는 이 일치영역을 증가시키는 것이다. 그렇게 함으로써 결과적으로 인간자원의 개선과 조직 효율성의 증진이 가능하게 된다. 그리고 이 모든 것은 생애개발 활동을 효과적으로 확인하고 활용함으로써 성취할 수 있다.

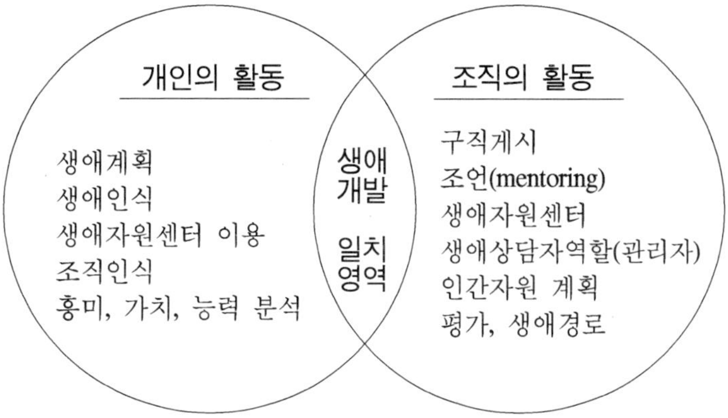

〈그림 Ⅲ. 6〉 개인과 조직의 생애개발 관계

(2) 생애계획

① 생애계획의 의의

생애계획이란 종업원의 생애목표를 설정하여 그것을 달성하기 위한 활동들을 개발하는 것을 의미한다. 근로자의 관점에서 보면, 생애계획은 개인의 문제이다. 그러므로, 전반적 생애의 계획, 발전계획, 실행계획을 분명히 해야 할 필요가 있다.

첫째, 전반적 생애의 계획을 위해서는 개인의 흥미, 경험, 능력, 적성, 가치관 등을 분석하고, 그의 자아개념을 확인하여 어떤 생애를 추구할 것인지를 계획한다. 근로자가 효과적으로 생애계획을 세우도록 하기 위해서 HRD 담당자는 그들을 적절히 도와서 변화의 매개자로서 개입할 수 있는 능력이 절실히 필요하다.

둘째, 발전계획에서는 앞으로 어떤 생애를 선택할 수 있고, 그에 대한 기회는 어떠하며, 어떤 준비를 해야 하는지에 대하여 현실적인 평가를 하는데 초점이 있다. 인간의 학습능력과 성장능력은 다른 동물에 비해 매우 뛰어나며, 이것이 인간을 아름답게 하고 문화를 발전시켜 나가는 원동력이다. 개인은 조직의 구성원으로서 조직 내에서 성장, 발전해 나가려는 욕구가 있다. 이에 대하여 구체적, 실질적인 도움을 줄 수 있어야 한다.

셋째, 실행계획에서는 발전계획에서 검토한 것을 실천에 옮기기 위하여 현실적인 조건들을 검토하고 우선순위를 결정한다. 즉, 현재 그 직업에 대한 요구는 얼마나 되며, 목적과 기준, 보상체계 등은 어떠한가? 어떤 활동들을 어떤 우선순위에 의해서 해야 하는가? 필요하다면 어떤 교육훈련을 받아야 하는가? 등에 대하여 검토하는 것이다.

생애계획은 개인에 관련된 문제이지만, 조직의 차원에서 고려할 점들도 많다. 예를 들면, 내가 속한 조직이 앞으로 어떻게 발전해 나가려는 계획을 가지고 있다면, 그에 따라 나는 어떤 준비를 해야 하는가? 이 문제는 전적으로 개인적인 것만은 아니다.

② 개인과 조직의 결합

레이니어스(Reynierse)에 따르면, 조직과 개인 간의 결합이 생애개발에 필수적이다. 즉, 조직은 발달상의 계획, 특정한 목적, 목표의 평가과정과 물적, 인적, 재정적 자원의 적절한 배분에 관여해야 하고, 종업원은 자신의 목적과 능력을 분석하고, 다가올 기회에 대한 실제적인 평가를 포함하는 생애계획에 관심을 가져야 한다고 보았다. 조직이나 개인 모두 세 가지 형태의 분석, 즉 요구(needs), 기능(skills), 가능성(potential)을 분석해야 한다는 것이다.

생애개발프로그램이 성공하기 위해서는 종업원과 조직이 한 팀이 되어서 같이 일해야 한다. HRD 담당자들은 적절한 생애개발 활동의 확인과 개발뿐만 아니라 프로그램을 조직하고, 관리하는 데에 책임을 져야 한다.

HRD 담당자들은 생애개발 이론을 알아야 하며, 생애개발과정에서 종업원과 조직 사이의 중재자로서 일해야 한다.

이밖에도 HRD 담당자는 조언(nentoring)체제와 생애자원센터의 설립, 생애개발 워크숍 설계, 사내공모(job posting)체제와 생애 경로프로그램에 대한 숙지, 종업원들의 흥미 · 가치 · 능력의 분석, 학습과 훈련의 도구로서 과업수행평가 이용하기, 인간자원 계획과 예측에 관여하는 등의 책임을 져야 한다.

조직의 생애개발 노력과 함께 조화를 이루어야 하는 것이 종업원 개인의 생애개발 노력이다. 실로 종합적이고 바람직한 생애개발프로그램은 단순히 종업원들의 생애계획을 돕는 데 그치지 않고 종업원들의 자아인식(self-awareness), 다른 생애 영역에 대한 인식을 높이도록 돕는 것이다.

종업원들이 참여할 수 있는 개인적 측면의 생애개발 활동으로는 (가) 생애계획, (나) 생애인식, (다) 생애자원센터의 활용, (라) 조직 내에서 가능한 다른 생애의 기회와 선택, (마) 흥미 · 가치 · 능력분석에의 참여 등이 있다.

<그림 Ⅲ. 7>은 개인적 차원에서의 생애계획과 조직 차원에서의 생애관리를 요약한 것이다. 생애계획은 먼저 어떤 분야에서 일하고 싶은지 직업을 선택하고, 다음으로 선택한 직업 분야의 어떤 조직(회사)에서 일할 것인지 선택하는 일, 어떤 부서에서 어떤 업무를 담당할 것인지, 또 그곳에서 일하면서 자신의 능력을 어떻게 개발하여 성장해 나갈 것인지를 계획하는 것을 말한다. 조직 차원에서의 생애관리는 조직에 필요한 인재를 채용(선발)하여 필요한 부서에 배치(할당)하고, 그들의 과업수행을 감정하고 평가함으로써 모니터하고, 필요한 훈련과 개발활동을 할 수 있도록 돕는 활동들이 포함된다.

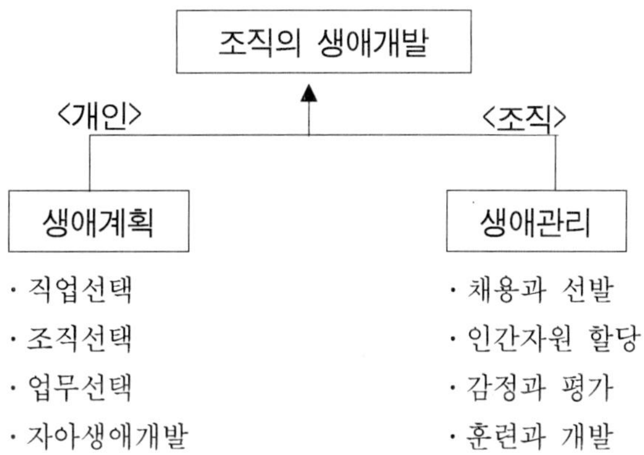

〈그림 Ⅲ. 7〉 조직의 생애개발 모형

(3) 생애관리

① 조직의 생애개발 활동

조직구성원들의 생애개발 증진을 도모하기 위하여 조직은 다음과 같은 활동을 할 필요가 있다.

(가) 사내공모체제의 확립

경우에 따라 필요한 사람을 내부에서 충원하는 것이 조직의 측면에서는 시간이나 비용면에서 효과적일 수 있고, 개인에게는 적성과 능력에 맞는 자리를 찾음으로써 조직 내에서 자신이 가치 있는 존재임을 확인할 수 있을 것이다.

(나) 조언활동의 개발

변화하는 사회 환경과 조직생활에 어떻게 적응할 것인지, 그리고 생애개발과 관련하여 필요한 사항들에 대해 조언을 해줄 수 있는 체제를 만들어 가동한다.

(다) 생애자원센터의 개발

생애개발에 필요한 여러 유형의 다양한 자료를 갖추고 필요한 사람들이 쉽게 접근할 수 있는 센터를 만들어 운영한다.

(라) 관리자를 상담자로 양성

조직에서 구성원들이 성장해 나가는데 도움을 줄 수 있는 위치에 있는 관리자들이 상담자로서 역할을 할 수 있도록 필요한 지식과 기능, 태도를 함양한다.

(마) 생애개발 워크숍 계획 및 수행

조직구성원들이 전문가의 도움을 받으면서 자신의 생애개발에 필요한 여러 가지 탐색을 실제로 해 볼 수 있도록 워크숍을 계획, 수행한다.

(바) 인간자원 계획 및 예측

사회 환경 변화와 발전 추세에 비추어 어떤 분야의 사람들이 얼마나 필요하게 될지를 예측하고, 그에 대비할 수 있도록 한다.

(사) 과업수행평가의 활용

과업수행에 대한 평가결과를 활용하여 구성원의 강점과 약점을 분석하고, 생애개발과 관련된 조언을 할 수 있도록 한다.

(아) 생애경로프로그램 개발

조직구성원들이 조직 내에서 성장해 나갈 수 있는 가능한 여러 가지 유형의 생애경로는 물론, 조직을 떠나는 경우에도 해당 분야에서의 다양한 생애경로를 탐색하고 준비해 나갈 수 있도록 돕는 프로그램을 개발한다.

HRD 담당자는 생애개발과정에서 조직을 대신하여 이것들을 인식하고 실시, 관리해야 할 책임이 있다. 그러므로 행동변화를 촉진하기 위해 고안된 학습체제의 개발을 도와야 할뿐만 아니라 조직의 생애관리 기능에 적극적으로 참여해야 할 것이다.

② 생애개발에서 조직의 책임

생애개발과 관련하여 조직이 해야 할 일들은 앞에서 제시한 것처럼 다양하다. 최근 우리나라는 외부로부터 가해지고 있는 압력 때문에 여러 분야의 산업에서 이른바 구조조정, 재구조화(restructuring)라는 변화를 강요당하고 있다. 그 영향으로 전직이나 재취업이 전혀 준비되지 않은 중년의 가장들이 길거리로 내몰리는 일들이 많아졌다. 구성원들의 생애개발과 관련하여 조직은 어떤 책임을 가져야 하는가?

생애개발과 관련하여 기본적인 책임을 젠거(Zengeer)는 다음과 같이 지적하고 있다.

(가) 생애경로는 조직의 핵심적 분야임을 동의
(나) 종업원들을 위한 생애경로 준비
(다) 효율적이고 완전한 사내공모체제 유지
(라) 관리자를 생애상담자로서 훈련
(마) 평가검사의 제공
(바) 조직의 철학을 전달
(사) 사람을 개발하고 멘토링 프로그램을 수립한 관리자의 포상
(아) 종업원들이 생애개발 문제를 탐색할 수 있도록 하는 워크숍 제공
(자) 인간자원 예측체제 수립
(차) 효율적인 과업수행평가 과정의 개발
(카) 생애자원센터의 설치

(4) 생애개발과 조직

① 생애개발 활동

조직이 생애개발프로그램을 실시하는 이유는 두 가지이다. 하나는 조직 내부에서 종업원들의 개발을 촉진하자는 것이고, 도 하나는 전직(turnover)을 줄이자는 것이다. 따라서 생애개발프로그램이 성공을 거두려면, 별도의 활동이 아니라 조직의 다른 활동과 통합되어야 한다.

HRD 담당자가 할 수 있는 종합적인 생애개발 활동들은 다음과 같다.

(가) 미래 조직의 요구를 예측
(나) 수행과업평가를 활용

(다) 사내 구직공고 및 게시
(라) 종업원의 생애경로(career pathing)
(마) 훈련과 개발
(바) 일관된 보상 관행의 개발

조직이 적절하고 도전해 볼 만한 생애개발 활동을 제공하지 않는 한 HRD 담당자가 적절하게 종업원들을 도울 수는 없다. 따라서 최고경영자가 생애개발에 대하여 적절한 인식과 평가를 해야 하며, 만약 그렇지 못하면 생애개발은 조금씩 분산되어 간헐적으로 실시될 수밖에 없다. 효과적인 생애개발프로그램은 장기적인 결과에 초점을 맞추고, 전통적인 교실에서 사용하는 방법과는 다른 방법들, 예를 들면 체험중심 훈련, 자기주도적 학습 프로젝트, 전문가협회에 가입하여 활동하기 등의 방법을 사용할 것이다. 최상의 결과를 위해서 HRD 담당자는 종업원들의 요구나 생애목적을 파악하고, 그에 따른 생애개발 활동을 계획해야 할 것이다.

② HRD 담당자의 역할

한슨(Hanson)에 따르면, HRD 담당자들은 생애개발과 관련하여 다음의 몇 가지를 지켜야 한다.

첫째, 특정한 요구에 맞도록 처음에 작게 시작하고 구체적인 프로그램을 설계하라.

생애개발은 현실적으로는 조직구성원들의 생계유지수단으로서의 직업에 관계된 일이면서, 이상적으로 개인의 미래를 준비하는 능력개발의 측면도 있는 일이다. 따라서 프로그램의 내용이 참여자들의 요구에 기초하여 구체적인 도움을 줄 수 있는 것이어야 한다.

둘째, 생애개발프로그램을 진행 중에 있는 개인의 활동이나 프로그램들과 통합하라.

생애개발프로그램에의 참여 여부는 전적으로 개인의 요구에 따라 결정된다고 해도 과언이 아니다. 자신의 생애를 어떻게 개발해 나갈 것인가에 대한 관심과 궁극적인 책임이 개인에게 있으므로 현재 개인이 기울이고 있는 노력을 무시한 채 새로운 생애개발프로그램에 참여하도록 강요하는 것은 잘못된 일이고 효과도 보장할 수 없다.

셋째, 최고경영자의 지지를 확보하라.

다른 일도 마찬가지겠지만, 최고경영자가 관심을 갖고 지원해 주는 프로그램과 그렇지 못한 활동 사이에는 큰 차이가 있다. 생애개발프로그램이 성공적인 효과를 얻기 위해서는 최고경영자의 관심과 지원이 중요한 관건이다.

넷째, 시간관리를 권장하고, 부서 내 동료 및 상급자들의 지원을 얻기 위해 로비하라.

모든 시간을 생애개발프로그램에 할애할 수 있는 여건을 가진 경우는 드물다. 허용되는 범위 내에서 효율적으로 시간을 활용하려는 자세를 가져야 하며, 부서 내 동료 및 상급자들이 생애개발프로그램에 대하여 이해하고 참여자들에 대한 배려를 할 수 있도록 로비라도 해야 한다.

다섯째, 평가과정을 개발하고 측정된 결과를 가지고 대화하라.

생애개발프로그램에 참여하는 것만으로 소기의 목적을 달성했는지 알 수 없다. 평가활동을 통하여 프로그램 참여자는 무엇을 얻었고, 프로그램의 내용이나 운영상의 문제점 등을 측정하고, 그 결과를 가지고 당사자(프로그램 참여자와 운영자 모두)가 각각 소기의 목적을 달성했는지 검토해 보아야 한다.

여섯째, 대안개발을 계속하고 유연성을 유지하라.

개인의 관심과 능력이 변화하고, 사회환경과 경제적 여건이 변함에 따라 생애개발에 관련된 여러 가지 활동도 끊임없이 새로운 대안을 모색하는 노력을 해야 한다.

3) 조직개발

(1) 조직개발의 의미

① 조직개발이란

조직은 그 자체가 구성원들에 대한 환경으로서 작용하기도 하지만, 조직도 그보다 넓은 사회환경에 노출되어 있다. 따라서 사회환경의 변화에 조직이 어떻게 적응하느냐에 따라 조직의 생존과 성장이 좌우된다.

조직개발(organizational development : OD)에 대한 초창기 학자들의 정의에 의하면, '변화에 대한 대응으로서, 조직의 신념, 태도, 가치, 구조를 변화시켜 조직이 새로운 기술, 시장, 도전, 변화에 보다 잘 적응할 수 있도록 하기 위한 복합적 교육전략'(Bennis)이라고 하거나, '행동과학의 지식을 이용하여 조직의 과정에 의도적으로 개입함으로써 조직의 효과성과 건강도를 증진시키려고 하는, 계획적이고 전체적이며 최고경영층에 의하여 주도되는 노력'(Beckhard)이라 한다.

베어(Beer, 1980)에 의하면, 조직개발은 조직의 구조, 과정, 전략, 사람과 문화 사이에 일치감을 증진하고, 새롭고 창조적인 조직으로 개발하며, 조직의 자기갱신 능력을 높이기 위한 일련의 활동, 즉 자료수집, 진단(diagnosis), 행동계획, 개입(intervention), 평가를 하는 것을 말한다.

최근에는 '조직구성원의 실제 업무수행을 변화시킴으로써 개인의 자기개발과 조직의 성과를 개선할 목적으로 조직상황을 계획적으로 변화시키려는 이론, 가치, 전략, 기법'(Porras & Robertson) 또는 '조직문화를 계획적으로 변화시키는 과정'(Burke, 1994)이라고 봄으로써 조직의 문화나 상황을 계획적으로 변화시키는 노력에 초점을 두고 있다.

조직개발은 변화에 대하여 계획적이고 자료에 근거한 접근방법으로, (가) 목적설정, (나) 행동계획, (다) 실시, (라) 관찰, 그리고 필요한 경우 수정행동의 과정을 거친다. 조직의 문제를 해결하는 데 많은 학문으로부터 이론과 연구를 받아들여 적용한다는 점에서 문제해결 지향적이다. 또한, 인간자원과 조직의 가능성을 테크놀로지, 구조, 경영과정에 연결지으려는 체제적 접근이기도 하다. 그러므로 조직개발은 외부인사에 의해 조직에 어떤 조치가 가해지는 것이 아니라, 경영과정의 내적인 부분에 해당되는 것이다. 조직개발은 단번에 어떤 문제를 해결하는 임시방편적 처방이 아니라, 장기적이며 지속적으로 조직변화를 관리해 나가는 과정이다.

조직개발을 하나의 기법으로 생각하는 것은 잘못이다. 레어드(Laird)는 조직개발을 조직 전체 또는 한 부분의 문화, 테크놀로지, 경영에 장기적 변화를 꾀하는 것이라고 보았다. 이것은 조직에 어떤 개선을 가져오기 위한 방법들의 모임이며, 동시에 하나의 철학으로 생각하는 것이 바람직하다는 말이다.

이런 정의들은 조직개발을 거시적인 관점(macro perspective)에서 보았다. 조직의 전반적인 효율성을 증진시키는 것은 중요한 일이지만, 조직이 변하기 위해서는 결국 그 구성원들, 즉 사람이 바뀌어야 한다는 점에서 제한점을 갖는다. 개개인의 지식, 태도, 기능의 변화 없이는 과업수행상의 개선이나 조직의 변화가 불가능하다. 조직을 구성하는 세 가지 형태의 자원, 즉, 물적 자원과 재정적 자원, 그리고 인간자원 가운데 인간자원이 나머지 두 자원을 관리하고 통제한다는 견해가 일반적이다.

그래서, 대체로 인간을 중요시하는 경향이 있지만, 또 한편으로는 항상 원하기만 하다면 자격 있는 사람들을 언제나 구할 수 있다고 생각하는 경영자들도 많이 있다. 현직에 불만이 있거나 이직을 원하는 사람들을 두려워하지 않는 경영자들이 믿는 것은 이런 '회전문' 철학이다. 들어오는 사람과 동시에 나가는 사람도 있는 회전문처럼, 조직을 뛰쳐나가는 사람이 있으면 동시에 조직에 들어오고자 하는 사람들도 항상 충분히 있다고 믿는 것이다(Gilley).

② 조직개발의 역사

조직개발의 역사를 살펴보면, 집단역학(group dynamics)이나 레빈(Kurt Lewin)의 장 이론 등이 깊은 영향을 미쳤음을 알 수 있다. 1930년대의 도시화 및 산업화의 과정에서 가족과 같은 1차집단의 상실, 이민에 따른 각종 사회문제의 대두, 기업체에서의 인간자원 활용에 대한 요구 등이 증대되면서 집단역학에 대한 연구가 활발하게 되었다. 이때 조직 내에서 개인의 태도변화를 어떻게 유도할 것이며, 또 그에 대하여 어떻게 탐구할 것인가 하는 문제를 해결하는데 활용되기 시작한 여러 가지 방법들, 즉 T-Group, 역할연기(role playing), 심리극(psycho drama) 등이 나타나게 되었다.

③ 조직개발의 목표와 특징

HRD에서 조직개발의 목표는 개인적(personal), 전문적(professional), 조직적(organizational) 성장에 있다. 이러한 성장은 조직개발이라는 역동적 과정에서 주로 촉매자의 역할을 하는 변화조성자(change agent)에 의해 주도된다. 조직의 참여자들의 문제해결능력을 개발하기 위한 것이 조직개발이다.

조직개발의 궁극적 목표는, 조직의 업무수행에 대한 효율성, 효과성, 건강의 증진에 있다. 효율성이나 효과성은 객관적으로 측정할 수 있는 것이지만, 사기(morale), 창의성, 분위기와 같은 조직의 주관적인 측면인 건강을 측정하는 일은 쉽지 않다. 닐슨(Neilsen)은 조직개발의 주요 목표를 협동적인(collaborative) 조직을 만드는데 있다고 보았는데, 협동적인 조직이란 다음과 같은 특징을 가지고 있다.

(가) 조직의 목적을 이해하고 그것의 달성을 위해 전념하도록 조장하는 구조와 정책을 가지고 있다.
(나) 개인의 공헌을 인정하면서 동시에 집단적 과업수행을 강조하는 보상체계를 갖추고 있다.
(다) 측정 자체가 목적이 되어 버리는 경직된 과업수행 기준이 아니라, 목표에 얼마나 가까이 접근했는가를 측정하는 '불완전한' 척도를 사용하는 측정체제를 가지고 있다.
(라) 조직의 장기적 요구와 개인의 현재능력 또는 미래에 가지게 될 능력 등을 반영하여 개인의 열망을 분석하는 HRD 절차와 참여적 직원배치(staffing)의 특징을 가지고 있다.

마르그리스와 라이아(Margulies & Raia)는 조직의 효율성을 높이기 위한 조직개발의 특징을 다음과 같이 열거하고 있다.

(가) 전체 조직체제의 포함
(나) 조직에 대한 체제적 접근
(다) 최고경영자의 후원
(라) 제3의 변화조성자의 고용
(마) 계획적인 노력
(바) 행동과학적 지식의 응용
(사) 조직의 유능성과 건전성의 증대
(아) 다소 장기적인 과정
(자) 계속 진행되는 과정
(차) 교훈적인 가르침이 아닌 체험학습에 의존
(카) 행동연구 개입모델의 활용
(타) 목표설정 및 행동계획의 중요성 강조
(파) 개인보다는 조직집단의 태도, 행동 및 과업수행 변화의 추구

이것은 그 동안 조직개발에 관련된 연구에서 나타난 모든 내용들을 종합한 것으로, 조직개발의 목적, 특징, 방법 등을 포함하고 있다.

(2) 조직변화의 원칙

① 변화의 원칙

바우어스와 프랭클린(Bowers & Franklin)은 조직변화에 있어 기본적인 세 가지 원칙을 제시하였다.

첫째, 적합성(congruence)의 원칙은 처치(취하는 행동이나 개입)가 건설적 변화를 주려고 하는 조직에 맞도록 선택되고, 설계되고, 변화되어야 한다는 것이다. 이미 만들어져 선반에 보관 중이던 것을 꺼내어 그대로 쓰는 이른바 'off-the-shelf' 접근방법보다는 대상에 따라 맞추어진(tailored) 개입이 조직에 더 적합하다는 것이다.

둘째, 소질(predisposition)의 원칙은 변화가 쉽게 일어날 수 있는 곳부터 시작해서 조직 전체에 파급되도록 한다는 것이다. 이처럼 변화가 쉽게 일어날 수 있는 부분을 리피트와 리피트(Lippitt & Lippitt)는 지레의 받침점(leverage points)이라고 불렀다. 변화에 대한 수용성이 높아서 그런 경우도 있고, 다른 사람에게 변화를 받아들이도록 영향력을 행사할 수 있어서 그런 경우도 있다고 보았다.

셋째, 연속(succession)의 원칙은 변화가 다른 것을 변화시키기 위해 어떤 것이 변하는 과정에 의해 간접적으로 이루어짐을 말한다. 다시 말해서, 어떤 변화는 그것이 속한 문화에서 어떤 장애나 방해물이 제거된 후에만 가능한 경우가 있다. 궁극적인 변화가 일어나도록 하기 위해서는 변회의 과정에서 작은 성공들이 반드시 있어야 한다는 점이 중요하다.

커밍스(Cummings)는 조직과 변화에 대한 세 측면, 즉 정치적(권력), 기술적(경제성), 문화적(가치관) 측면을 통합할 수 있는 새로운 모델이 필요함을 지적한 바 있다.

첫 번째 관점은, 조직을 정치적 실체로 보는 전통적인 견해는 조직이 힘의 행사나 힘 있는 집단간 협상에 의해서만 변할 수 있다고 보는 것이다. 두 번째 관점은 경험주의와 자기이익에 기초한 변화전략만이 가능하다고 보는 합리적-경제적, 기술적 관점이다. 세 번째 관점은 조직을 문화체제의 관점에서 보는 것인데, 변화는 조직구성원의 규범, 가치, 인지체계를 바꿔야 가능하다고 본다.

② 변화조성자

어떤 관점을 취하든지 성공적 조직개발을 위해서는 외부기관에서 온 컨설턴트인 변화조성자, 즉 HRD 전문가가 필요하다. 바우어스와 프랭클린은 변화조성자를 '조직의 작용(기능)과 변화과정에 관한 과학적 지식'과 '특정 상황' 사이의 변환자(transducer)라고 정의하였다.

(가) 변화조성자의 역할과 자질

화이트와 우튼(White & Wooten, 1987)은 조직개발과정의 10단계를 밝힌 바 있다. 이들은 각 단계의 목적, 변화조성자의 역할과 고객의 역할은 각각 어떤 것들이며, 각 단계에서 겪게 되는 장애요인들이 어떤 것들인지 다음과 같이 제시하였다.

외부에서 온 변화조성자는 경영진이 변화하도록 자극하고, 그 조직에 어떤 변화가 필요한지 점검하고 그 변화를 이루는 법을 배우도록 돕기 위하여 고객체제에 자료를 해석해 주고 필요한 정보를 제공해준다. 조직개발의 과정이 본격적으로 치료나 실시단계에 이르면, 이해와 수용의 단계로부터 가능한 활동이 어떤 것들이며, 조직구성원들이 태도변화에 어떻게 대처하고, 변화에 대하여 방어적인 반응을 어떻게 다루어야 하는지에 관한 정보를 제공해 주는 것으로 활동을 전환한다. 만약 조직 내부에서 변화가 일어나야 한다면, 참여자들이 속한 조직의 현재상태(what is)와 바람직한 상태(what should be)의 차이를 인식하도록 해야 할 것이다.

닐슨(1984)에 의하면, 변화조성자에게 필요한 능력(자질)은 네 가지가 있다.

첫째, 대인관계기능(interpersonal skills)은 컨설턴트와 고객 간의 관계에서 가장 중요한 능력이다. 상호신뢰와 긍정적인 태도가 조성되도록 적극적 경청(active), 인터뷰 기술 등에 능해야 한다.

둘째, 개념기능(conceptual skills)은 조직개발과정에서 다루게 되는 내용에 관한 것이다. 문제점들, 기회, 생산적이고 중요한 변화에 일치하는 조직에 관한 사고방법 등으로 고객의 관심을 이끌어 가는 기능이다.

셋째, 기술적 기능(technical skills)은 프리젠테이션, 실행, 예측하지 못한 우발사태에 대처하는 능력 등, 개인, 집단, 조직 수준에서 조직개발의 과정을 실시하는 데 쓸 수 있는 다양한 프로그램화된 절차들을 수행하는 능력을 말한다.

넷째, 통합기능(integrative skills)은 앞의 세 가지 기능들을 융합하여 전체 프로젝트를 관리하는 능력을 말한다.

(나) 변화조성자에게 요구되는 신념

프렌치와 벨(French & Bell)은 응용 행동과학자들의 네 가지 기본신념을 구성하는 일련의 가치들에 변화조성자들도 동의하고 있다고 지적하였는데, 네 가지 기본신념은 다음과 같다.

첫째, 인간의 요구와 열망이 조직변화과정의 이유가 된다는 신념

둘째, 종업원들을 조직에 영향을 미치는 의사결정에 참여토록 하는 것이 일이나 삶에 의미를 준다는 신념

셋째, 실천연구기법을 통해서 조직의 효과성을 증진시킬 수 있다는 신념

넷째, 권력평등화 과정을 통한 조직의 민주화에 대한 신념

(3) 조직개발의 과정

① 조직개발의 단계

조직개발은 문제확인, 관계구축, 진단, 해결안 확인, 개입, 환류의 단계를 거쳐 이루어진다.

(가) 문제확인

조직개발과정은 조직 내의 생산성·사기·태도 등에 문제나 요구들이 있다고 할 때부터 시작된다. 요구란 조직의 현재상태와 바람직한 상태 간의 차이점이며, 그 차이가 바로 해결되어야 할 문제인 것이다. 성공적인 변화를 위해서는 현재상태와 조직이 현재 어떻게 기능하고 있는지에 대한 치밀한 측정이 있어야 하며, 이러한 정보가 정확한 진단을 위한 자료가 되고, 이것이 변화를 위하여 적절한 설계의 기초가 되는 것이다.

(나) 관계구축

조직개발을 시작하려는 결정과 함께 변화조성자는 다음의 네 가지 기준을 고려해야 한다.

첫째, 의뢰자(고객)의 요구와 조직개발이 줄 수 있는 것과의 조화

둘째, 프로젝트 요구사항과 의뢰사의 영향력·자원·준비성과의 조화

셋째, 조직개발 가치관과 의뢰사의 경영철학과의 조화

넷째, 진단인과 고객의 성격 조화

(다) 진단

건전한 방법론의 개발이 중요하며, 진단절차에는 자료수집, 자료조직, 조직된 정보의 평가 또는 해석이 포함된다. 진단자는 인터뷰, 질문지, 관찰 등을 통하여 직·간접으로 자료를 수집하거나, 조직의 정책, 절차 매뉴얼, 직무기술, 과업수행평가, 운영기록 등을 활용하여 자료를 수집한다.

(라) 해결안 확인

문제의 원천을 확인해서 맞는 해결안을 찾는 단계이다. 이는 전 단계에서 조직의 현 상태에 대한 종합적인 분석이 이루어졌음을 전제로 하며, 어떤 형태의 처치나 개입을 할 것인지를 실제로 결정한다.

(마) 개입

변화조성자에 의해 취해진 행동을 일반적으로 개입(intervention)이라고 한다. 최고위층이 변화노력에 대해 관심을 갖고, 종업원 개인들도 변화에 대한 필요성을 이해하여야 한다.

변화를 두려워하는 조직구성원들에게는 개입이 위협적인 것일 수도 있다. 그러므로 컨설턴트는 종업원의 입자에서 변화에 대한 저항과 '문지키기' 현상의 징조를 주의 깊게 살펴야 하며, 이 변화저항에 대한 적절한 조기대응이 요구된다.

(바) feed-back(평가)

결과 또는 조직개발이라는 과업은 궁극적으로 세 범주의 방법으로 평가된다. 조직개발의 영리에 대한 직접적인 기여에 관한 생산지향(product-oriented)평가, 생산과 영리에 대한 기여를 측정하는 생산·과정지향(product/process-oriented)평가, 비생산적이고 수량화할 수 없는 용어로 과업을 측정하며, 조직과정의 질을 주로 측정하는 과정지향(process-oriented)평가가 있다.

② 조직개발의 가치

조직개발은 조직 자체의 환경과 특성만을 바꾸기 위한 노력이 아니다. 오히려 인간의 가치를 깨닫게 하며, 개인의 잠재능력 개발에 필요한 기회를 만들어 준다는 점에서 의미 있는 일이다. 조직개발이 지니는 가치를 정리하면 다음과 같다.

(가) 생산과정에 필요한 자원이기보다는 인간으로서 기능할 수 있는 기회를 제공한다.
(나) 조직 자체뿐만 아니라 개인에게도 잠재능력 개발의 기회를 제공한다.
(다) 조직의 모든 목적에 관하여 유효성을 증대시킨다.
(라) 흥분되고 도전해 볼 만한 일을 발견할 수 있는 환경을 허락한다.
(마) 업무 · 조직 · 환경과 관련을 맺는 방법에 영향을 줄 수 있는 기회를 조직구성원들에게 제공한다.
(바) 자신의 일과 삶에 중요한 요구들을 지닌 한 인간으로 취급될 수 있도록 한다.

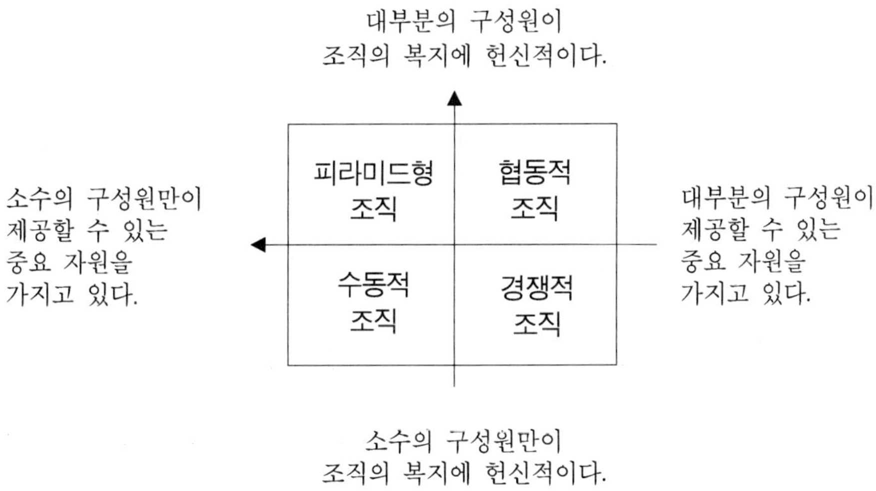

출처 : Neilsen, 1984.

〈그림 Ⅲ. 8 〉 조직개발의 비팀목

<그림 Ⅲ. 8 >은 조직구성원들의 조직에 대한 헌신의 강도(y축)와, 구성원들이 조직을 위해 제공할 수 있는 자원을 얼마나 가지고 있는가(x축)를 기준으로 조직의 유형을 구분해 본 것이다.

(4) 조직개발과 개인개발

개인개발과 조직개발에 대한 이해는 거시적인 측면과 미시적인 측면의 두 가지 방법에서 접근하고 있다. 학습에 참여해서 가장 큰 혜택을 받는 자가 개인들이므로 개인개발, 즉 훈련이 조직개발의 핵심이라고 보는 것은 미시적 측면에서의 접근이다. 반면에 조직 자체를 수혜자로 보고 구성원을 부차적으로 보는 견해는 거시적 측면에서의 접근이라는 것이다.

흔히 그 두 가지 형태의 개발을 별개의 다른 것으로 보기도 하지만, 이 둘의 관계는 상보적(相補的)인 양면성을 띤 것으로 이해하는 것이 바람직하다. 다시 말해서 개인개발이 무시된 채 조직개발에 치중하는 일은 가능하지도 않을뿐더러, 설령 가능하다고 하더라도 장기적으로 건강한 조직이 될 수 없다는 점을 간과해서는 안될 것이다. 그 반대의 경우도 마찬가지로, 개인개발에만 치중하고 조직개발을 소홀히 하는 조직이 있다면 그 또한 조직의 효율성 측면에서 문제가 있는 집단일 것이다.

개인개발은 생애개발과 함께 조직개발과 매우 관련성이 깊다. 생애개발이 개인들로 하여금 자신의 능력이나 흥미를 잘 파악하도록 도와서 조직의 요구에 부응하면서 그 안에서 어떻게 성장해 나갈 것인가를 이해하도록 돕는 일이라는 점에서 개인이나 조직 모두에게 유익하며, 개인의 요구와 조직의 요구를 조화롭게 연결시켜 줄 수 있는 공동영역과 같은 것이다.

결국 조직의 효과성을 향상시키는 것은 구성원들의 업무수행능력이나 기능의 숙달, 태도개선을 통하여 가능하다. 또한 조직의 효과성을 증진시키기 위해서는 HRD 담당자가 생애개발을 통하여 조직구성원 개개인의 차원(미시적 측면)과 조직 전체의 차원(거시적 측면) 사이를 연결해 주어야 한다.

Ⅳ 인간자원개발과 생산성

우리의 전통적인 교육관에서는 학교교육에 들어가는 비용을 따져 본다는 것이 왠지 어색한 일이다. 그러나, 여러 가지 형태의 자원이 쓰임새에 관심을 두는 HRD에서는 어떤 프로그램이나 활동에 들어가는 비용과 그에 따른 효과를 비교해 보는 일은 꼭 필요한 과정이라 할 수 있다.

이러한 관점에서 HRD의 비용-편익 분석은 상당한 중요점을 가지고 있다고 보고, 지금부터 비용과 효과를 분석하는 방법을 보기로 한다.

1. 비용분석

비용분석(cost analysis)은 어떤 프로그램이나 사업의 경제성에 대한 평가 방법 가운데 가장 단순한 것으로서, 어떻게 하면 최소의 비용으로 소기의 목적을 달성할 것인가에 관심이 있으므로 일반적으로 비용최소화분석(cost-minimization analysis)이라고도 불리운다. 만약, 두 프로그램이 모든 면에서 동일한 결과들을 가져온다면, 가장 비용-효과적인 모델은 비용이 가장 적게 드는 것이 된다.

이 방법은 여러 대안 가운데 하나를 선택하려고 할 때, 그 대안을 통해서 얻게 되는 편익보다는 주로 비용에 의해 좌우되는 경우에 사용된다. 다시 말하면, 사업을 통해서 얻게 되는 산출이 무엇이고 이익이 얼마나 큰가에 관심이 있는 것이 아니라, 사업에 투입되는 자원의 비용에만 관심을 가진다는 것이다.

비용분석방법은 대안에 들어가는 비용만으로도 의사결정에 필요한 정보를 충분히 제공할 수 있는 경우에는 매우 간편하고 유용하지만, 효과성, 효율성이나 편익을 고려하고 있지 않다는 점에서 문제가 있다. 이것은 목이 말라서 음료수를 살 때 갈증을 해소하는데 도움이 되는지 여부는 생각하지 않고 무조건 싼 음료수를 구입하면 된다고 생각하는 단순한 사람의 검소함에 견줄만한 일이다.

2. 비용-효과분석

1) 의의

비용효과분석(cost-effectiveness analysis: CEA)은 경제성 평가의 한 방법으로 투입과 산출을 모두 고려하되 각각 비용과 효과 단위로 측정·평가하는 방법이다. 비용-효과분석은 비용 뿐만 아니라 그에 따른 효과를 동시에 고려하므로 비용분석 보다는 진일보한 것이라 할 수 있다.

그러나, 투입에 의하여 발생되는 편익을 현금가치로 표현할 수 있는 것도 있지만, 그렇지 못한 것도 있다. 즉, 비용은 계산이 되지만, 효과면에서 주어진 목적달성을 위한 대안적인 여러 가지 개입방법들을 비교하여 그 가운데 가장 효과가 큰 방법을 찾아 내는 것이 비용-효과분석이다.

2) 특징

전 세계적으로 비용-효과분석은 정부, 산업체, 보험사, 자문회사, 대학 등이 활용하고 있다.

비용-효과분석이 공공부문의 제안에 사용될 때는 다음과 같은 특징을 가진다.

첫째, 화폐 단위로 측정하는 문제를 피하기 때문에 비용-편익분석 보다 훨씬 쉽게 적용될 수 있다. 둘째, 기술적 합리성을 요약해서 나타낸다. 셋째, 시장가격에 거의 의존하지 않기 때문에 민간부문에서의 이윤극대화 원리에 덜 의존적이다. 넷째, 외부효과나 무형적인 것의 분석에 적합하다. 다섯째, 최대한 허용되는 예산지출이 고정비용이 될 때 효과성을 극대화 시키거나 결과가 고정될 때 비용을 극소화 시키는 방안을 채택한다.

비용-효과분석은 적용이 비교적 용이하고, 시장가격으로 그 가치를 측정할 수 없는 재화를 다룰 수 있다는 장점이 있다. 또한, 외부효과와 무형적인 것을 분석하는데 적합하다.

3) 절차

비용-효과를 분석하는 목적은, 어떤 프로그램을 개발하고 시행하는데 드는 여러 형태의 실제 비용과 예상비용을 비교하고 개발 및 시행의 결과를 확인하여, 비용을 고려하여 볼 때 가장 효과적인 방법은 어떤 것인가를 결정하는데 있다. 즉, 여러 대안들이 동일한 효과를 발생시키고 있다는 것을 전제로 그것들이 얼마만큼의 비용차이를 나타내고 있는가를 따져 보는 것이다.

예를 들어, 어떤 과업을 수행하는데 문제가 발견되어 그것을 해결하고자 개선 프로그램을 만들려고 한다고 가정하자. 이때 프로그램의 비용-효과는 과업수행의 결함이 야기하는 비용과 그것을 개선하려는 프로그램에 드는 비용의 차이로 볼 수 있다.

좀더, 구체적인 예를 들어보자.

텔레비전을 조립하는 생산라인에서 일하는 사람들이 1,000명 있다고 하자. 이제까지 이들이 만들어 낸 제품 가운데 불량품의 비율은 0.01%로 큰 문제가 없었다. 최근 신제품이 개발되어 본격적인 생산에 들어갔는데 불량품의 비율이 0.1%로 높아졌다. 불량품을 폐기하여야 하는데서 오는 직접손실 이외에도 그것을 조립하는데 들어간 여러 가지 비용들도 생각할 수 있지만 여기서는 단순하게 직접손실비용만을 계산해 보자.

텔레비전 한대의 값이 200만원이고, 월간 생산대수가 1만 대라고 하면, 매월 10,000×0.001×200만원의 손실이 발생하는 것이다.

이 문제를 해결하기 위하여 새로운 기술에 대한 소개와 조립에 관계된 실습 등을 포함하는 3시간 분량의 훈련 프로그램을 개발하고 실시하는데 드는 비용이 1,000만원 이었다면, 이 프로그램의 비용-효과는 +1,000만원이라 할 수 있다.

또 다른 부서에서 발생한 어떤 수행과업상의 문제를 해결하려고 하는데, 그 비용-효과를 분석해 보니 +3,000만원 이었다고 한다면 앞의 프로그램 보다는 뒤의 프로그램이 더 효과적이라고 할 수 있다.

3. 비용-편익분석

1) 의의

비용-편익분석(cost-benefit analysis: CBA)은 사회자본에 관한 투자기준을 마련하기 위하여 고안된 분석방법 가운데 하나이다. 민간투자의 경우에는 얻어지는 이익이 판매수익인 화폐가치로 나타나는데 비해, 사회자본의 경우에는 이익이 판매수익을 나타내지 못하므로 한정된 자원을 효과적으로 활용하기 위해서는 이익을 비용과 비교할 수 있도록 화폐단위로 환원해야 한다는 문제가 생긴다.

공공학교와 같은 분야에서는 들어간 비용에 비교해 얼마만큼의 편익(benefit)이 발생했는지 분석하는 일이 없다. 편익의 정체가 불분명하기도 하고, 교육의 효과가 단기간 나타나지도 않기 때문이다. 그러나, 기업과 같은 집단에서의 모든 활동은 편익의 추구를 포함하여 조직의 공동목적을 달성하는데 직접 또는 간접적으로 기여를 하여야 한다.

훈련 프로그램에 들어간 비용과 그로 인하여 발생한 편익을 평가하는 것이 비용-편익분석이다. 경쟁이 치열해지면 들어가는 비용에 대하여 민간해지기 마련이다. 아울러 아직도 HRD에 들어가는 지출을 투자로 보는 경우도 드물고 비용으로 취급하는 것이 대부분이다. 훈련에 관련된 비용에 대한 명확한 이해가 선행되어야 할 것이다.

비용-편익분석은 고려하고자 하는 여러 대안들을 실행에 옮기는데 들어가는 비용과 그 대안 때문에 발생하는 편익을 비교·분석하여, 투자할 만한 가치가 있는 대안이 어떤 것인지 판단하는 기준을 제공한다.

2) 유형

비용-편익분석의 유형은 어떠한 입장이냐에 따라 두 가지로 구분된다.

첫째, 경제성 분석(economic analysis): 사회 전체의 입장에서 비용과 편익을 분석하는 경우이다.

예를 들어, 농지나 공장용지를 확보하기 위하여 바다를 매립한다고 하자. 이 때 토지는 확대되는 반면, 연근해 바다와 갯벌이 사라짐에 따른 어장의 감소나 환경문제가 발생하는데, 이것은 사회적인 비용이 된다. 이와 같은 공공투자 사업의 경우, 사회전체에 미치는 효과를 경제적인 관점에서 분석하지 않을 수 없는 것이다.

둘째, 재무분석: 투자사업 주체의 입장에서 비용과 편익을 분석하는 것이다.

예를 들어, 재무제표 분석은 기업의 주식가치를 결정하려는 재무분석가들이 이용하는데, 재무제표를 이용하여 기업의 재무 및 운영상태를 분석하는 것을 말한다. 재무제표는 기업의 경영성적과 재정상태를 이해관계자에게 보고하기 위한 수단으로 작성하는 여러 가지 서류이다.

3) 절차

공공투자 사업을 대상으로 그 경제성을 분석하는 비용-편익분석의 절차는 다음과 같다.

(1) 목표를 달성하기 위하여 가능한 대안들을 확인한다
(2) 각각의 대안에 대한 당사자, 즉 영향을 받는 모든 피해자와 수혜자를 파악한다
(3) 각 집단(피해자, 수혜자)이 받는 비용과 편익을 화폐단위로 파악한다
(4) 각 집단의 비용과 편익을 합산한다
(5) 비용-편익분석의 여러 가지 평가기준을 적용하여 대안을 평가한다
(6) 예측이 불확실한 문제에 대해서는 다른 분석방법(의사결정분석, 민감도분석 등)을 활용한다
(7) 평가기준에 따라 최적의 대안을 선택한다

4) 비용과 편익의 산정

(1) 비용의 산정

HRD분야에서 비용을 추출하는 것은 쉬운 일이 아니다. HRD 부서의 사람들은 대부분 비용을 분석하는데 익숙하지 않을 뿐 아니라 어떤 것들을 비용에 포함시켜야

하는지에 대한 기준 또한, 모호하기 때문이다. 일반적으로 훈련비용에 포함되는 항목들은 다음과 같다.

훈련에 참가하는 사람들의 월급은 비용-편익분석에 대하여 잘 모르는 사람들에게도 납득이 쉽게 가는 명백한 비용이다. 생산에 직접 기여하지 않는 사람들에게 훈련기간 동안 월급을 주는 격이기 때문이다.

→ **조직공제(organization benefit):** 유급의 휴가나 병가, 퇴직적립금, 의료보험 등의 혜택은 물론 직원휴게실, 할인매장, 업무용 차량 등에 해당되는 것으로 급여의 30% 정도를 차지한다.

→ **대체비용(replacement cost):** 이는 공식적으로 교체가 이루어지지 않았더라도 분명히 계상되어야 하는 비용이다. 한 예로 주유소에서 일하는 출납계가 훈련에 참가하게 되었다고 하자. 부재기간 동안 다른 사람을 채용하여 빈자리를 채우는 것이 안전하지만, 비워두어 다른 사람들이 추가로 부담을 감당하도록 하였을 경우, 파생되는 비용에는 다음과 같은 것들이 있다. 다른 곳에 줄이 더 길어지고, 기다리는 시간이 많아짐으로써 손님들이 짜증을 내고, 다른 출납계원의 사기가 저하되고 매출이 감소될 수 있는 것이다.

→ **생산손실(lost production):** 훈련에 참여하는 사람으로 인하여 줄어든 생산품이나 서비스의 감소를 말한다. 상품을 만드는 공장이라면 그 비용을 계상하는 일이 쉽지만, 서비스를 제공하던 사람이라면 그로 인한 손실을 계산하는 일이 쉽지는 않다. 그러나, 손실임에는 틀림이 없으므로 비용에 포함되어야 한다.

→ **간접비(overhead):** 가장 이해하기 가장 어려운 비용 개념으로, 조직의 활동내용이 변하더라도 변함없이 늘 나가게 되는 고정된 조직의 비용인데, 여기에는 건물비, 임대료, 시설비, 가구, 청소비, 통신비, 사무용품비는 물론, 고용된 변호사나 회계사, 인사부서 등의 직원과 같은 사람에게 드는 비용이 포함된다. 간접비로 계상하는 비율은 폭이 큰 편으로 급료의 0.075배에서 6배까지 달한다.

→ **직접비용(direct cost):** 강사비, 자료비, 강의실 임대료, 과정설계 비용과 같은

것들로 가장 이해하기 쉽고 계산하기 쉬운 것이다. 외부로부터 사들이는 프로그램일 경우, 모든 것이 명백하고 계산도 간단하지만, 조직내에서 프로그램이 개발되고 실시되는 경우는 사정이 약간 다르다. 후자의 경우 특히, 공제비나 간접비 같은 비용을 계산하는 것이 상당히 어렵다.

이외에도 행정적 비용(administrative cost)을 고려하여야 한다. 여기에는 HRD 부서를 운영하기 위한 관리자나 비서 등 직원의 급료는 물론 훈련참가자, 설비, 장소, 시청각 기자재와 소모품 등을 검토하고 선정하는데 드는 비용과 사내에 과정을 알리고 홍보하는데 드는 비용이 포함된다.

마지막으로, 회사에서 멀리 떨어진 곳에서 훈련을 실시할 경우 장소를 물색, 답사, 계획, 실시, 평가 하는데 드는 비용과 훈련에 참가하기 위하여 필요한 여비나 숙박비 등도 예상하여야 할 것이다.

(2) 훈련에서 얻은 이익

비용을 수량화하여 계산하는 일이 난해하다고 한다면, HRD 개입, 훈련을 통하여 얻은 이익을 측정한다는 것은 더욱 어렵고 문제의 소지가 많은 작업니다. 여기서 말하는 이익이란, 훈련에 따른 직접적인 결과로 얻은 유형의 이득이나 수익을 뜻한다.

훈련의 결과로 나타나는 이익에는 두 가지 즉, 총수입의 증가와 비용의 감소가 있다.

대부분의 훈련결과는 총수입의 증가로 직접 나타나기 보다는 비용의 감소 또는 다음과 같은 차원에서 비용회피(cost avoidance)로 나타나는 것이 보통이다.

· 시간
· 재료
· 장비
· 이직률
· 사람문제(불평, 사고 등)

시간비용의 절감은 훈련을 통해서 절약하게 된 1인당 시간 수, 관련된 사람 수,

그들의 시간당 소득을 곱하면 대략적인 절약된 비용이 산출된다. 그러나, 이러한 직접적 비용의 절감이외에도, 그 절약된 시간에 또 다른 생산적인 활동에 참여할 수 있게 되는데서 오는 생산성의 증가분도 고려되어야 할 것이다. 재료나 장비에 관련된 비용도 위와 비슷한 요령으로 산출할 수 있다.

이직자의 자리를 메우기 위하여 새로운 사람을 고용하고 훈련시키는데 드는 비용은 대략 떠나는 사람의 인건비에 맞먹는다. 예를 들어, 생산 공장의 최일선에서 부품의 조립을 담당하는 사람들(100명)의 연간 이직율이 5%라고 하자. 새로운 기술이 도입됨에 따라 새로운 지식과 기술을 습득하여야 하는, 이것에 적응하지 못하고 떠나는 사람들이 많았으나, 이들에게 훈련기회를 제공함으로써 이직률이 1%로 감소하였다면, 훈련에 따른 이익을 다음과 같이 계산할 수 있을 것이다.

- 5%×100명×1,600만원(연간인건비)=8,000만원
- 1%×100명×1,600만원(연간인건비)=1,600만원

따라서, 이익=8,000만원-1,600만원=6,400만원

비슷한 방법으로, 사람들에 관련된 문제가 어떤 것들이 있으며 그에 따른 손실이 얼마나 되었는데, 훈련의 결과로 그것이 얼마나 줄었는지를 비교할 수 있을 것이다.

이처럼, 직접적으로 눈에 띄는 이익 이외에 무형의 이익들도 추출해 고려해야 한다. 예를 들면, 훈련을 통하여 종업원들의 사기가 높아졌다고 하자. 이 때 직원들의 사기를 수치로 나타낼 수 없다고 해서 이를 간과해서는 되지 않는다.

<표Ⅳ. 1>은 객관적 이익과 주관적 이익을 나타내는 것으로 비용-편익 분석에서 참고할 사항들이다.

〈표Ⅳ. 1〉 객관적인 이익과 주관적인 이익

생산성 증가		비용감소	
생산량 증가 (객관적)	부가가치 (주관적)	직접절약 (객관적)	간접절약 (주관적)
- 생산율 - 생산품질 - 생산량 - 수입 - 서비스 속도 - 직무숙달	- 소비자 만족 - 종업원 만족 또는 동기유발 - 종업원의 예상되는 미래가치 - 사회와 직업분야에 대한 수익 - 종업원 성취, 인정, 흥미, 책무, 진보, 직업적 성장	- 재생 - 과업수행 일정수준 도달시간 - 현장에서의 실패	- 게으름 - 알코올 중독 - 마약남용 - 불평 - 험담, 경쟁

(5) 비용-편익분석의 쟁점

비용-편익분석은 복잡하고 어려운 과정을 거쳐야 하는데 주요 쟁점사항은 다음과 같다.

첫째, 비용과 편익은 다양한 측정단위로 평가되는데 이의 화폐단위로의 표현 문제

둘째, 미래의 각기 다른 시점에서 발생하는 비용과 편익의 비교 문제, 할인율의 선택 문제(어느 시점의 할인율을 선택할 것인가), 세대간 형평성 문제

셋째, 미래에 발생할 비용과 편익의 예측 문제

넷째, 공공투자사업의 경우는 분배 문제가 제기되고, 계층간, 세대간 문제 뿐 아니라 특정집단의 가중치가 주어지는 문제

V 평생교육과 인간자원개발

인간자원개발은 교육을 통해 이루어 질 수 있다. 그중 성인을 주 대상으로 하는 평생교육은 인간자원개발의 중심을 이루고 있다. 따라서 여기서는 평생교육에 대한 전반적인 이해를 중심으로 서술하였다.

1. 평생교육의 개념

사회의 급격한 변화와 학교교육의 피폐가 날로 심각하게 나타나게 됨으로써 지금까지 체계적으로 전개되지 못하였던 평생교육은 1980년대 초반부터 우리나라에서 서서히 체계화되어 왔다.

이러한 의미에서 평생교육은 보다 체계 있게 논의되어야 하는 단계이기 때문에, 평생교육에 대한 분명한 개념정의와 그 영역은 다른 학문과 구분되어져야 할 것이다.

평생교육은 그 대상 또는 주체에 따라서 약간씩 다르게 언급되기도 하지만 대체로 평생교육이란 학교교육을 제외한 일정한 형태의 체계적인 교육활동을 의미한다고 할 수 있다. 즉 평생교육이란 학교의 정규교육으로 행해지는 것을 제외하고 학교 외에서 행해지는 일체의 조직적 교육활동"이라고 볼 수 있다. 우리나라 평생교육법 제2조 1항에서 보아도 평생교육은 "학교교육을 제외한 모든 형태의 조직적인 교육활동을 말한다"라고 표현하고 있다.

2. 평생교육의 변천

평생교육은 다른 학문보다 그 역사가 짧다. 평생교육이 우리나라에서 가장 광범

위하고도 포괄적으로 받아들여진 개념 중의 하나이다. 평생교육은 1960년대 후반부터 유네스코를 통하여 소개되고 보급된 개념으로 용어상의 중심 개념으로 삶(Life)과 평생(Life-long)과 교육(Education)의 뜻을 내포하고 있는 개념이다. 그렇기 때문에 삶이라는 개념이나 평생이라는 개념이 대단히 넓고 복잡한 것처럼 평생교육의 개념도 매우 광범하고 포괄적이므로 그 의미가 모호한 점도 있다. 그렇기 때문에 교육전문가나 교육행정가들 사이에도 평생교육 개념에 대한 이해부족이나 상반되는 의견으로 인하여 일반인들에게 혼란을 가져오기도 한다.

특히, 평생교육 정의의 기준이 되어야 할 헌법에서까지 이러한 모순을 내포하고 있다. 즉, 대한민국 헌법 제31조 5항에는 "국가는 평생교육을 진흥해야 한다"라고 되어 있어, 앞으로 대한민국의 국가교육제도는 평생교육체제로 재조직되어 모든 국민들이 학교에서뿐만 아니라 가정과 지역사회 안에서 평생을 통한 자기실현과 계속발전의 기회를 누리도록 해야 한다는 것을 분명히 하고 있다. 이것은 유네스코 당국뿐만 아니라 세계의 모든 교육전문가들이 이해하고 있는 평생교육의 원리이다. 그러나 동헌법 제31조 6항에는 이상하게도 "학교교육 및 평생교육을 포함한 교육제도와 그 운영, 교육재정 및 교원의 지위에 관한 기본적인 사항은 법률로서 정한다"라고 되어 있는 것이다. 즉, 학교교육보다 상위의 개념인 평생교육을 학교교육과 대등한 의미로 전락시키고 있다는 것이다. 이러한 상황에서 평생교육의 전문적인 영역과 지위를 확보하기 위해 무엇보다도 평생교육에 대한 개념 정리는 물론, 평생교육 맥락에서 학교교육과 가정교육, 그리고 평생교육의 상호관계를 분명히 해두어야 할 것이다.

한편 평생교육이 가정교육 - 학교교육 - 사회교육, 또는 유아교육 - 아동교육 - 청소년·성인교육을 포괄하는 상위개념이기는 하나 그것이 처음부터 평생교육 또는 계속교육과 근사한 개념으로 받아들여진 데는 평생교육 개념이 원래 평생교육개혁과 발전의 필요에서 태동하기 시작한 것이기 때문이다.

평생교육의 제창은 이미 20세기 초의 재건을 요구하는 영국에서부터 싹트기 시작했다. 19세기말부터 조성되기 시작했던 불평등한 사회의 과감한 구조적 개혁을 위한 사회적 요구와 1차대전후의 황폐와 혼란 속에서의 재건의 요구에 대응하여 영국정부는 재건설(Ministry of Re-construction)로 하여금 성인교육위원회를 조직하고 동위원회로 하여금 국민생활재건의 방안을 모색케 한 바 있다. A. L. Smith를 위원장으로 하는 동 위원회는 1919년 Lioyde George총리에게 보고서를 제출하기에 이른 것이다. 이것이 속칭 "1919 Report" 로서 영국에 있어서 평생교육의 방향을 제시했을 뿐만 아니라 그 후 영국전체의 민주주의 성숙과 국가발전의 기초가 되었던 것이다. 특히 동 보고서는 최종결론 부분에서 성인교육의 보편성(Universal)과 평생성(Lifelong)을 다음과 같이 강조하였다. "성인교육은 일부 특수층의 사치스러운 일로만 간주되거나 젊은층의 사람들에게만 관계되는 일로 생각해서는 안 된다. 오히려 성인교육은 영속적인 국가적 필요요, 동시에 훌륭한 시민 자질과 밀접한 관계를 가지는 것이기 때문에 그것은 마땅히 보편적이요, 그리고 평생을 통한 것이어야 한다"는 것이었다. 그 후 10년 후인 1929년에 동 위원 중의 한 사람이였던 Yeaxlee는 "Lifelong Education"이라는 저서를 발간하여 다시 한번 평생교육의 필요와 그 전개를 강조하였다.

이와 같이 초기의 평생교육 개념은 모두 평생교육의 계속성을 강조하는 입장에서 구상되었다. 오늘날 보급되고 있는 평생교육의 개념을 제일 처음으로 제안한 유네스코에서도 처음에는 평생교육을 Education permanent 영속교육(또는 계속교육)이라고 소개하였다. 1965년 12월 유네스코본부에서 개최되었던 국제 평생교육발전위원회(International Committee on the Development of Adult Education) 에서 세계 각 국의 평생교육발전을 위한 획기적인 방향을 제시한 Paul Lengrand는 당시 제출한 회의자료에 그의 모국어인 프랑스어로 그 중심개념을 Education permanent라고 표현했던 것이다. 이것은 분명히 영어로 영속교육 또는 계속교육으로 이해될 수 있었으나, 그 제안 속에 내포하는 뜻은 그보다 더 근본적이요, 포괄적인 뜻이라 하여 영어로 처음에는 Lifelong intergrated education이라고 번역하기 시작했던 것이 후에 Life-long education으로 정착하게 된 것이다. 정치, 경제, 사회, 문화면에서 급격한 변화가 일어나고 있는 새로운 상황 속에서, 그리고 사회적 경쟁의 각축장으로 되어버린 학력위주의 폐쇄적 학교에 의해 교육이 독점되고 있는 상황 속에서 날로 요구되는 새로운 평생교육의 진로를 밝히려던 노력이 결국에는 학교를 포함하는 전체 교육제도개혁의 기본원리인 평생교육 개념으로 발전하게 된 것이다. 동 위원회는 유네스코 당국으로 하여금 Lengrand이 제시한 평생교육의 원리를 지지하고 받아들일 것을 건의하였다. 그 건의문에서 동 위원회는 "평생교육의 원리는 개인이 태어나서 죽을 때까지 계속되는 교육의 전체 과정을 활성화하는 원리이기 때문에, 마땅히 교육통합적 조직이 요구된다. 그리고 교육의 필요한 통합은 일생의 과정에서 수직적 통합과 개인생활과 사회생활 여러 면에서의 수평적인 통합으로 성취될 수 있다"라고 밝히고 있다.

그 후 동 위원회의 건의는 곧 유네스코 본부에 의해 받아들여졌으며, UN이 선포한 1970년 "세계교육의 해"를 계기로 "평생교육"의 개념 정의와 그 보급에 박차를 가하게 되었다. 그 대표적인 사업으로 유네스코는 Lengrand의 저서 "평생교육"을 발간하는 한편, Edgar Faure를 위원장으로 하는 International Commission for the Development of Education을 조직하여 세계교육개혁의 문제와 방향을 제시하게 하였으며, 그 결과 1972년 Faure의 보고서, "Learning To Be"가 발간되었다. 동 보고서에서는 "평생교육을 교육정책의 기본 개념(Master Concept)으로 삼아야 한다." 고 전제하고 거기에 따르는 교육개혁 방안을 제시했다. 이 보고서는 그때까지의 계속교육에 치우치던 평생교육의 개념을 가정, 학교, 지역사회에서의 교육을 통합하는 개념으로 확대시켰으며, 이어 Hamburg의 유네스코 교육연구소팀(Dave, Cropely 등)에 의해서 평생교육은 학교제도, 특히, 학교 커리큘럼, 교사양성 문제로까지 연결하게 되었다.

우리나라의 평생교육은 그동안 산발적으로 전개되어 왔으나 본격적으로 활성화되기 시작한 것은 1983년 사회교육법이 제정되고 난 후부터였다. 그 당시부터 국가차원에서 평생교육을 중요시 하게 되었으며 1999년 사회교육법이 평생교육법으로 대치되면서 한층 빠른 속도로 평생교육이 정책적으로 활성화되기 시작하여 평생교육 현장의 활기를 가져오게 되었다.

3. 평생교육의 이념

평생교육은 인간의 삶의 본질과 관련되며, 그러한 평생교육의 이념은 평생교육이 궁극적으로 추구하고자 하는 목적을 의미하는데 이것은 인간이 교육을 통하여 추구하고자 하는 평생교육의 목적과 함게 이해되어야 할 것이다.

1) 민주사회건설의 이념

평생교육은 학교교육이 추구하여온 교육자 중심의 교육보다 피교육자 중심의 교육체계가 설정되기 때문에, 일정한 지역사회를 구성하고 있는 주민들의 욕구가 평생교육과정에 최대한으로 반영되게 한다.

학교교육에서처럼 평생교육에서도 인격의 완성 및 전인교육의 개념과 더불어 자기개발, 자아실현 등 개인의 성장을 최대한으로 돕는 것을 평생교육의 중요한 목표로 하고 있다. 또한 교육기회의 균등이라는 입장에서 볼 때 학교교육에 대한 연장 및 보완의 의미와 학교교육의 기회를 놓친 청소년들에게 학교교육을 보상하는 의미로도 평생교육이 중요한 사회적 보완기능을 담당하고 있다.

더구나 민주주의의 이념은 평생교육이 개인적인 차원에서 개인의 욕구를 최대한 충족시키고 자율적인 자기 성장을 추구하기 위한 자기교육의 중요성을 뒷받침하고 있다.

이와 같은 입장은 개인이 사회에 공헌 할 수 있도록 계발되어야 한다는 것을 강조하는 입장과 함께 개인이 사회에 통합되어 자신의 자아를 최대로 실현하게 되어 그 사회의 집단생활에 긍정적인 기여를 할 수 있게 하여 그 지역사회 안정과 평화를 가져오게 하는데 중요한 수단이 되고 있다. 이것은 밑으로부터의 안정을 가져와 전체 사회의 안정 즉 국가의 안정을 가져오게 하기 때문에 민주사회 건설에 평생교육은 매우 중요한 역할을 담당하고 있다.

2) 복지사회 건설의 이념

인간은 그들이 살고 있는 사회발전에 대하여 많은 관심과 이에 필요한 제반 이론과 기술을 개발한다. 복지사회란 그 속에 살고 있는 사람들이 필요로 하는 욕구를 최대한 만족시킬 수 있으며 또한 계층간의 차이가 크게 나타나지 않은 사회라고 일반적인 개념으로 설명해 볼 수 있다.

이와 같은 사회를 만들기 위해서는 여러 가지 측면에서의 이론과 기술개발이 요구되고 있는데 평생교육적 입장에서는 복지사회 건설과 더욱 밀접한 관련을 맺고 있다고 할 수 있다. 왜냐하면 평생교육이 표방하고 있는 주요 목적이 사회에서 상대적으로 낙후된 지역 또는 계층에 대하여 이들의 삶의 질을 향상시키는데 필요로 하는 교양, 기술 및 정보를 제공하는데 있기 때문이다.

복지사회의 이념을 직접적으로 평생교육에 실현시키기 위한 최초의 시도는 영국의 오웬(Robert owen,)에 의하여 이루어 졌다.

오웬은 영국 산업혁명의 완성기의 공상적 사회주의자로 불릴 만큼 복지사회 건설의 꿈을 실현시키고자 노력한 인물로서 그의 이른바 성격 형성의 원리, 즉 인간의 온갖 어리석은 행동과 범죄 등은 개인의 잘못이라기보다는 환경의 소치이므로 이러한 환경을 개선하면 인간상호간의 증오감이나 적대적 대립은 소멸되고 모든 사람이 화합하는 가운데 풍요한 삶을 누릴 수 있는 이상사회가 출현한다고 믿었다.

이와 같이 풍요한 사회건설에 관련된 중요한 변수가 환경변인이라고 설명하고 환경을 인간이 바라는 방향으로 변화시키기 위해서는 인간간의 성숙된 인간관계로 발전시켜 나가야 할 것이다. 여기서의 환경은 주로 인간관계를 의미하는 인적환경을 의미하기 때문에 인적 환경의 가장 핵심적 요소가 가정, 학교 또는 일반사회이다. 따라서 평생교육이 추구하는 중요목적이 가정교육 또는 학교외에서 일어나는 사회에서의 체계적인 교육활동이므로 이러한 교육목적을 성공적으로 달성하게 되면 복지사회 건설에 필요한 인간환경을 만들어 나갈 수 있게 될 것이다. 특히 평생교육이 다루고 있는 교육내용은 평생교육의 대상 및 시기에 따라 다양하게 접근 될 수 있지만 대체로 과학, 예술, 종교, 윤리도덕, 직업, 오락 등 사회생활 전반에 걸친 문제가 포함되기 때문에 인간관계에 필요한 내용을 풍부히 습득할 수 있는 도구로 설명할 수 있다.

평생교육 내용이 직업기술, 가정생활, 일반교양, 시민으로서의 정치의식 및 스포츠, 오락의 영역에 토대를 두고 있고 인간환경 개선에 필요한 가정환경 및 사회환경 개선에 가장 중심을 두고 있기 때문에, 평생교육은 바람직한 사회건설의 핵심적 방법의 하나라고 설명할 수 있다.

따라서 평생교육의 이념으로서의 복지사회 이념은 부분적으로 잘사는데 만족해서는 안되며 전체적, 균형적 및 전인적으로 잘 살 수 있다는 관점에서 삶을 인간화하는 인간교육의 이념으로 또한 자유로운 학습을 통한 정신적 풍요의 성취로 개인적, 사회공동체적 차원에서 인간 삶의 질을 나선형으로 향상시키는 평생교육 이념으로 표현되고 있다.

3) 요람에서 무덤까지의 배움

평생교육은 이미 학교교육을 떠났거나 아직 학교교육을 받을 연령이 되지 못한 아동들에게 적용되기 때문에, 평생동안 교육받을 기회를 제공함으로서 인간의 삶을 교육과정으로도 설명할 수 있게 하였다.

즉 삶이란 생명, 생활 등 다양한 의미를 내포하는 말이며, 특히 평생교육과의 관련 속에서의 삶이란 생물학적 생명체에만 국한된 개념이 아니라 개인, 사회, 자연환경의 모든 요소가 상호작용을 이루면서 삶의 의미와 목적 가치 등을 실현하여 나아가는 삶을 의미한다.

따라서 평생교육과 관련한 삶의 의미는 개개인이 가진 천부의 권리로서의 인격의 존엄과 가치가 존중되고 이들이 가진 창의성과 자발성, 자유정신의 구현을 바탕으로 하는 인간의 삶의 향상발전을 의미하는 것으로서 결국 교육은 이러한 삶의 질의 개선에 궁극적인 목적을 두어야 함을 강조한다.

특히 평생에 걸친 학습 내지 교육의 이념은 평생이란 것이 단순히 시간적 계속을 뜻하는 것만이 아니라, 인생의 여러 시점에서의 성장과 발전이 일반적이고 독자적인 역할과의 관련 속에서 단계별로 색다른 국면에 직면하게 되고 그에 따라서 적절한 학습이 끊임없이 이루어져야 함을 함축적으로 의미하고 있다.

따라서 평생교육의 이념은 개개인들이 그들의 삶의 질의 향상을 위하고 전인적인 성장발전 및 환경과의 조화 속에서 사회적인 변화발전에 기여하는 삶을 영위할 수 있도록 평생에 걸쳐서 그 단계 및 수준에 따라 요청되는 제반 지식과 기능, 태도, 가치관 및 새로운 역할을 습득할 수 있도록 기회, 장소, 프로그램, 교사, 교재 등을 갖추어 줄 수 있어야 함을 의미한다.

4) 사회의 학습화 이념

평생교육은 평생에 걸쳐 이루어지는 특성을 지니고 있기 때문에, 사람이 살고 있는 모든 사회에 평생교육이 전개됨으로써 사회를 학습의 장으로 이끌게 된다.

평생교육 내용은 과학, 예술, 종교, 윤리도덕, 직업, 오락 등 사회생활 전반에 걸친 문제가 포함되어 있음을 볼 때, 사회의 학습화가 평생교육을 통하여 이루어짐을 쉽게 짐작할 수 있다. 또한 평생에 걸친 배움이란 결국 생존을 위한 학습의 개념으로 보다 명확해 지는데, 이를 위해서는 인간의 삶의 모든 장이 교육의 장이며, 교육은 모든 삶의 조건과 상황 속에서 끊임없이 이루어져야 한다.

이러한 관점에서 사회는 그 자체가 학습의 장이라고 볼 수 있고, 따라서 학교교육뿐만 아니라 평생교육이 제구실을 다하기 위해서는 모든 사회가 교육의 장의 구실을 할 수 있는 소위 학습사회(Learning society)의 건설이 요망된다.

학습사회에서는 모두가 배우고 가르치는 입장에 서게 되며, 이것은 곧 인간간의 상호관계를 바람직하게 발전시키게 되어 나아가 사회의 안정과 발전에 기여하게 될 것이다.

5) 사회공동체의 이념

평생교육이 추구하고 있는 민주주의, 복지사회, 학습사회 건설은 곧 그 사회를 이루고 있는 모든 사람이 보다 인간답게 살 수 있는 사회를 건설하는데 일익을 담당하게 될 것이다. 특히 산업사회에서는 인간중심 문화의 해체를 가져와 물질이 지배

할 정도의 물질중심주의 시대를 가져오게 하여 인간은 인간다운 생활을 영위하는데 매우 장애가 되고있다.

그러나 평생교육은 이러한 흩어져 가는 인본주의를 강화하는 인간다운 삶에 중심을 두고 있기 때문에, 인간공동체 형성에 크게 기여하고 있다. 인간공동체는 인간이 인간다운 삶을 영위할 수 있는 가장 바람직한 인간사회로써 평생교육이 주장하고 있는 모두가 가르치고 모두가 배우는 인간의존관계를 의미한다. 상호의존관계가 잘 형성된 사회는 곧 인간이 인간을 존중하며 자신의 이해관계보다 상대방의 이해관계를 보다 신중하게 여기어 산업사회에서 이루어지는 물적 중심의 사고를 인간중심의 사고로 형성하게 한다.

따라서 평생교육은 진실로 인간이 인간다움을 영위할 수 있는 공동체 사회건설에 중요한 이념을 지니고 있다고 볼 수 있다. 그 구체적인 내용을 보면 평생교육은 인간행동의 본질이 되는 의지(Will)를 다른 사람을 수단으로 대하는 계산된 의지, 즉 합리적 의지(Rational will)를 다른 사람을 목적으로 대하는 본질적 의지(Natural will)로 변하게 함으로써 상호 존중하는 진정한 공동체를 형성하게 된다.

4. 평생교육의 목적

평생교육의 목적을 한마디로 표현하기란 매우 어렵다. 왜냐하면 평생교육의 철학적 기초를 밝히기 위해서는 먼저 그 개념의 구성요소인 사회, 교육 등에 대한 인식의 공통적 기반이 마련되어야 할 뿐만 아니라, 인류의 역사만큼이나 오랜 과거를 가진 평생교육활동이 세계적으로 많은 공통성을 가졌음에도 불구하고 나라마다의 특수한 배경과 시대의 변천에 따른 강조점이나 뉘앙스가 각기 서로 다를 수 있기 때문이다(평생교육연구회,1991:39-42).

그래서 먼저 제기되는 것은 교육이라는 개념에 대한 공통적 인식이다. 로마대학의 교육학 교수 티토네(Professor R. Titon)는 역사적으로나 문화적으로 서로 깊은 관계가 있는 영어, 독일어와 프랑스어, 이탈리아어에 있어서 조차 교육이라는 개념은 어휘의 다양성만큼이나 서로 다른 의미로 사용되는 경우가 많다는 것을 지적하고 있다.

그가 작성한 교육관련 용어의 국제비교소사전(International Micro-Rexicon of Educational Terms)에 의하면, 이들 네 나라 사람들은 교육이라는 개념을 표시할 때 영어에서는 Education, Formation, Teaching, Instruction, Training, School로 표시하고

있으며, 독일에서는 Erxiehung, Bildung, Unterricht, Lehren으로 표시하고 있다(Richmond,1975:12).

캠브리지대학 교수 리치몬드(Kenneth W.Richmond)도 평생교육의 이념적 기조에 따라 학교교육과 평생교육 개념의 새로운 패러다임(Paradigm)을 작성하려고 할 때의 곤란성에 언급하면서 그 한 예로 영어 어휘인 교육(Education)과 학교교육(Schooling) 개념 사이에 많은 차이가 있다는 것을 지적하고 있다.

그가 제시한 교육과 학교교육과의 어휘가 갖는 개념상의 차이를 몇 가지 제시하면 다음과 같다.

① 학교교육은 학교라는 기구 안에서 구체적인 형태로 진행되는 과정인데 반하여, 교육은 그와 대조적으로 내향적이고 불가시적인 과정을 말하는 운치있는 개념이다.

② 교육은 학교교육보다는 사회적으로 좀더 시야가 넓고 고상한 느낌을 주는 개념이라 할 수 있다. 즉, 교육은 주로 성취와 연결되는 개념이고 학교교육은 과업과 연결되는 개념이다.

③ 학교교육과 교육이라는 개념 사이의 관계는 부분과 전체의 관계와 같다. 따라서 학교교육은 교육이 이루어지는 과정(the process of education)이 전개되는 여러 사회기관 가운데 오직 한 가지에 불과하다.

④ 두 개념 사이의 관계는 수단과 목적사이의 관계(a means-end relationship)이라고도 말할 수 있다. 다시 말해 학교는 교육이라는 목적 달성을 위하여 동원되는 하나의 수단으로 파악되어야 한다.

⑤ 학교교육은 몇 가지 기능을 훈련하는 일과 관련된 개념인데 반하여, 교육은 그 영향이 인간의 삶의 전 국면에 미치는 보다 높은 차원의 교육활동이라 할 수 있다.

⑥ 학교교육은 의무교육제도가 말해주듯 싫든 좋든 본인의 의사에 관계없이 강요될 수 있지만 교육은 강제적 일 수는 없다. 교육이란 본래 책임 있는 자유를 누릴 줄 아는 주체의 존재를 전제로 하고서야 비로소 가능한 것이라는 점에서 그것은 본질적으로 자유주의적인 성격을 가진 것이라고 할 수 있다.

⑦ 학교교육은 철저하게 합리적인 사고를 함양하는데 주력하는 것인데 반하여, 교육은 본질적으로 각자의 개인적인 판단과 이해력의 신장을 추구하는 것이라는데 차이가 있다.

⑧ 교육과 학교교육과의 관계는 이론과 실천의 관계로 파악할 수도 있다. 다시

말해 학교교육은 실천적으로 무엇인가를 얻어내고자 이론적으로 궁리하는 것이다. 구체적으로 말한다면 학교육을 통해서 우리가 얻어내고 있는 것은 수업(instruction), 건강의 위탁보호(custodial care), 사회성 획득(socialixation) 등이라 할 수 있고 이에 대하여 우리가 교육을 통해서 얻기를 궁리하는 것은 인성발달을 위한 양육 또는 전인(the whole man)이다.

이상에서 학교교육과 교육과의 차이를 설명해 봄으로서 평생교육이 추구하는 목적을 유추해 낼 수 있다. 평생교육에 대하여 체계적으로 설명하기는 어렵지만, 학교교육이라는 개념과 연계시켜 그 위상을 설정하는 것이 보다 바람직하다. 이 경우에 평생교육은 학교교육과 학교 외 교육으로 양분되는 2개의 종개념을 포섭하는 상위개념이라는 것으로 설명될 수 있다. 따라서 교육이라는 개념은 평생교육이 주장하고 있는 내용을 포함하는 개념이라고 할 수 있다.

왜냐하면 평생교육이란 R. H. Dave의 지적처럼 형식적 유형의 교육과 비형식 유형의 교육 두 가지를 모두 포섭하고 동시에 계획적인 학습(Planned learning)과 우발적인 학습(Incidental Learning) 쌍방을 모두 포섭한 개념이자 인생의 모든 단계에서 행해지는 여러 형태의 학습의 수평적, 심층적 측면을 통합한 개념이며, 모든 종류 모든 영역 모든 형태의 교육활동의 통합적 조직원리(Organixing principle)이자 또 이러한 교육활동을 실제적인 차원에서 연역한 전체적인 체계이다.

따라서 평생교육의 기본목적은 평생교육의 이념적 기초를 바탕으로 하고 있다고 볼 수 있다. 이러한 차원에서 평생교육의 목적을 몇 가지 제시하면 다음과 같다.

1) 급속한 과학기술변화 대처

어느 사회를 막론하고 변화는 계속되어 왔지만 변화의 속도와 그 폭이 현대만큼 빠르고 광대한 예는 없다고 해도 과언이 아니다. 그 중에서도 과학기술의 발달은 현대 사회변화의 핵심적인 요인이라 하겠다. 또한 과학기술의 발달은 동시에 다른 분야의 연쇄적인 변화의 주된 원인이 되기도 한다. 미래학자 허만칸(H.Kahn,1970)은 미래사의 변화의 특징으로 우선 과학기술의 발달이 더욱 촉진될 것으로 전망하고 있다. 최근의 컴퓨터를 통한 사이버 기술을 발달을 보면서 과학기술의 발달을 예측해 볼 수 있다.

과학기술의 발달은 동력의 발달, 자동조정 및 제어기술의 발달, 생물과 화학기술의 발달, 정밀한 측정기술의 발달, 기계에 의한 의학진단 및 기술의 발달, 통신기술의 발달, 교통운반 수단의 발달 등 광범위한 영역을 포함하는 것이다. 이러한 과학기술의 발달은 생산의 증가, 산업구조의 변화, 작업구조의 변화, 가공할 무기의 생산으로 인한 파괴력 증대 등의 결과를 초래하고 반면에 인간 수명의 연장, 여가의 증대, 시간과 공간의 획기적 단축 등 인간생활의 광범한 분야에 걸쳐서 막대한 영향을 미치게 되었다.

이러한 과학기술의 발달은 종래 생산수단과 기술에 익숙해 있는 모든 사람들에게 새로운 학습을 강요하고 있다. 또 산업구조의 변화에 따른 새로운 시설 투자에 의한 작업현장의 확대와 그에 의한 인구이동이 증대하고 있다. 새로운 주거지로 이동한 주민들이 그 지역사회나 새로운 작업에 적응해야 하고 그 지역사회의 일원으로 지역사회의 행사에 참여하고 시민으로서의 자질향상을 도모하기 위한 교육도 아울러 필요하게 되었다.

직업생활에 있어서도 한편으로는 새로운 업무가 등장하게 되었고 다른 한편으로는 지금까지 쓰여오던 기술 및 정보가 쓸모 없게 되었다. 이렇게 급변하게 등장하는 새로운 과학기술을 학교교육에서 수용하여 이를 보급하기에는 시간상 또는 교육의 체계상 매우 어려운 실정이다. 그러므로 급변하게 등장하는 과학기술에 관련된 내용을 각종 평생교육 프로그램에 도입하여 관련된 사람들에게 보급함으로써 평생교육이 추구하는 목적을 소기에 달성할 수 있을 것이다. 이러한 노력의 일환으로 과거에는 보기 어려웠던 현상이 오늘날에는 흔히 나타나고 있는 현상이 있다. 그것은 웬만큼 큰 기업체에서는 사내 훈련기관 또는 연수원을 두고 신입사원이나 일정한 직장생활을 한 그 직장 구성원들에게 새로운 기술교육 및 필요한 정보·교양을 보급하고 있다. 또 사내 연수원, 또는 훈련기관이 없는 기업체에서는 관련 평생교육기관에 위탁교육을 시키거나 프로그램을 사내로 도입하여 각종 기술교육 또는 교양교육을 실시하고 있다. 이와 같이 평생교육은 급변하는 과학기술시대를 맞이하여 이에 적절하게 적응하기 위하여 그 어느 때보다 절실히 요구되고 있다.

2) 사회·문화구조의 변화적응

현대사회는 여러 가지 원인에 의하여 급변하고 있다. 이러한 과정은 사회체계의 변화를 수반하게 되는데 여기에는 인간생활의 가치관 또는 행위 등이 포함되고 있다. 사회체계는 일반적으로 개인·집단·조직 및 지역사회로 구성되어 전체사회로 연계되는데, 이러한 각 변인간의 관계가 형성되는 과정에는 문화적 요인이 크게 작용하고 있다. 따라서 사회체계를 구성하고 있는 변인의 변화과정을 설명하게 되면, 전체 사회 및 문화의 변화를 예측해 볼 수 있게 되기 때문에 여기서는 각 변인별로 설명하였다.

첫째, 개인의 가치관 변화

개인의 가치관은 현대사회의 변화와 더불어 변하고 있다. 즉 지금까지의 가족 중심적 또는 공동체의식의 가치관에서 개인 중심의 가치관으로 급속히 변해왔으며 또한 변하고 있다.

이것은 곧 전체 사회문화의 공통화가 다양성으로 변하게 만들고 있으며, 여기에는 집단적 사고보다 개별적 사고를 중요시하는 개인주의가 팽창되고 있다. 또한 개인의 장래문제는 개인이 책임지는 책임주의로 팽배되어 각 개인으로 하여금 사회에 잘 적응할 수 있는 능력을 갖추도록 요구하고 있다.

따라서 개인은 스스로 그의 욕구충족을 위하여 필요한 교육과정에 참여하게 되고 또한 그러한 교육기회를 얻고자 노력하고 있다.

둘째, 집단역할의 변화

개인의 가치관 변화에 따라서 개인으로 구성되는 집단의 역할도 변하게 되었다. 즉, 지금까지 일차적 집단과 이차적 집단(이익 집단)으로 분류되어 오던 집단의 개념이 이차적 집단으로 공통화 되는 현상을 초래하게 되어 그 집단의 역할도 변하게 되었다. 과거의 일차적 집단은 주로 그 집단 구성원들간의 대면관계를 통한 상부상조와 정신적 결합을 통해 집단구성원의 만족감을 충족시켜 왔으나, 현대사회에서는 이해관계에 따라 대면관계가 없이도 시이버공간을 통해 개인과 집단의 만족을 가져오게 되었다.

그러므로 전통적 의미의 집단관계에서 이해관계에 따라 집단이 형성된다. 또래 집단이라 하여도 그 구성원들의 사회적 지위가 어떤 사람들로 구성되어 있느냐에 따라 다른 구성원들의 소속감에 영향을 주게되었다. 예를 들면 구성원들 중 사회적으로 인정되는 정치가, 경제인 또는 지식인들이 소속되어 있으면 그 집단은 활성화되고 그렇지 못하면 그 집단은 지속적으로 집단으로서 유지되기 어렵게 되는 경우가 많음을 볼 수 있다.

따라서 지금까지의 정적관계를 요구하던 집단역할이 동적 관계로 변하고 있다고 볼 수 있다.

셋째, 조직의 변화

과거에는 사회를 구성하고 있는 조직이라 해도 그 구성과 역할이 매우 단조롭거나 그 규모가 작았다. 그러나 현대 산업사회에서의 조직은 매우 복잡 다양하고 그 규모가 매우 거대해 져서 거대한 관료성을 띠게되었다. 이것은 곧 조직에 대한 익명성을 보장하게 되어 사회적 역할 관계에서도 조직간의 유기적 관계보다 조직의 이해관계에서 조직활동이 전개되게 되었다.

뿐만 아니라, 한 조직과 다른 조직과의 관계는 기능적 관계에서 갈등적 관계로 등장하게 되었기 때문에 갈등적 관계에서 낙오되는 조직은 힘없이 해체되기에 이르렀다. 이러한 결과의 하나로 산업사회에서 나타나는 정·경 밀착을 그 예로 설명해 볼 수 있다. 이와 같이 사회의 중요한 조직간의 관계가 기능적 관계에서 갈등적이고 형식적 관계로 발전되어 나간다면 우리 사회의 바람직한 변화라고 볼 수 없기 때문에 이에 대한 완화도구가 요구되고 있다.

넷째, 지역사회의 변화

지역사회는 크게 농촌지역사회와 도시사회로 분류하여 설명할 수 있는데, 우리나라의 지역사회구조의 변화는 혁명적이라 할 만큼 급변하였다. 즉 60년대 농촌인구는 65-70%였던 것이 이제는 거꾸로 되어 도시인구가 85%정도 되었고 농촌인구는 급속히 줄어들었다.

이와 같은 현상과 아울러 인구구성의 특성도 농촌인구는 질적 측면에서 생산활동을 적극적으로 전개하기 어려운 노령화 또는 부녀화 되었다. 따라서 농촌은 새로운 농사기술과 영농의 기계화를 요구하게 되었으며, 이를 위한 각종기술교육 및 정보제공이 요청되고 있다.

뿐만 아니라 지금까지 농촌에서 전개되어 오던 협동의식과 공동체의식은 거의 소멸되어 비인간화 현상이 농촌의 도처에서 발생되고 있는 현실을 볼 때 농촌구성원들에 대한 농촌현실을 합리적으로 진단하고 판단할 수 있는 능력배양이 요구된다. 이를 위해서 각종 평생교육이 농민을 대상으로 전개되고 있으나 그 내용이 주로 기술 또는 영농교육에 치중하고 있기 때문에, 농촌현실은 더 삭막하게 비인간화 현상을 초래하고 있으므로 이에 대한 보완책이 요구되고 있다.

한편 도시 사회는 더할 나위 없이 사회적 문제를 지니고 있다. 갑자기 증가된 인구흡입에 필요한 사회 간접 시설의 부족 및 올바른 가치관 형성을 제공하지 못한 탓으로 각종 청소년 비행, 노인문제, 노동자 문제 및 기타 도시문제 등으로 도시사회는 그야말로 아노미 현상을 초래하고 있는 실정이다. 이러한 문제점들은 모두 인간의 문제에 귀착되기 때문에 도시를 구성하고 있는 구성원들의 합리적인 자각과 기능적 의식을 발휘할 수 있는 사회적 장치를 제공해야 한다.

이와 같이 현대사회 특히 한국사회는 표현하기 어려울 정도로 급변해 왔기 때문에 많은 사람들이 그 적응을 위해 몸부림치고 있다. 이렇게 몸부림치는 사람들의 적응력을 향상시키는 것이 곧 평생교육이 지향해야 할 중요한 과제인 것이다.

3) 학교교육의 보완

평생교육은 학교교육에서 이루어 내지 못하는 제반교육 목표를 능동적으로 달성하는데 관심을 둔다. 즉 오늘날 평생교육에 부여되어진 중요한 과제는 정보화 사회(Information society) 또는 학습화 사회(learning society)인 만큼 이에 능동적으로 대처할 수 있는 사람을 길러내는 것이다.

이와 같이 평생교육은 학교교육과 완전히 분리하여 설명하기 보다 학교교육을 보완하는 데에도 상당한 비중을 두고 있다. 따라서 평생교육은 일반적으로 개인의 자아발전을 돕는 일, 각자의 지적·정서적·도덕적 인격을 구성하는 의식적, 무의식적 요소들에 대한 이해를 촉진하는 일, 인간 두뇌의 작동구조와 신체발달을 지배하는 제법칙에 관한 이해를 돕는 일, 인간이 가진 꿈과 희망의 실현 및 지역사회와의 연관 등에 대한 이해를 촉진하는 일 등이 중요한 관심사가 되고 있다.

4) 함께사는 능력의 제공

사람들로 하여금 남들과 어울려서 평화롭게 살아가며 다른 사람과 이웃과 세계를 사랑하며, 직장에서 훌륭하게 일을 해낼 수 있는 기법을 배우게 하는 일이 현대 평생교육이 지향하는 목표이다. 따라서 오늘날의 교육은 사람들이 각자 삶의 현장에서 평생동안 쉬지 않고 온갖 새로운 지식과 기능을 배워서 활용할 수 있도록 함으로서, 배우는 방법을 배우게 하고(Learning to learn), 다른 사람과 더불어 사는 방법을 배우게(How to live together)하는 것을 기본으로 삼아야 한다는 것을 말하고 있다.

이와 같이 평생교육을 교육의 중심이념으로 보았을 때, 평생교육은 평생교육의 이념 즉, 인간 삶의 질 개선과 인간의 학습권과 교육권의 실질적 보장을 실현하기 위해 동원될 수 있는 하나의 하위개념이며 실천적인 교육의 성격을 갖게 된다.

따라서 평생교육은 제도상· 형식상으로 평생교육의 이념을 현실적으로 달성하기 위한 첫째, 무형식(Non-formal)을 취하는 교육양식이다, 둘째 성별이나 계층에 관계

없이 어린이로부터 노년층에 이르는 모든 사람을 학습대상자로 삼으며, 셋째 학습자의 자율적 참여와 능동적인 학습노력과 관심을 고려한다. 넷째 학습자에게 뷔페식의 다양한 교육과정과 내용을 제공함으로써 학습자의 지적, 정서적, 실용적 이해관계를 충족시켜 주는 교육활동을 의미한다.

그러므로 평생교육은 가정교육, 학교교육과 상보적인 관계 혹은 교정 중심의 공생관계적 재사회화에 있게 되는 교육활동이 된다. 즉 가정이나 학교에서 미흡하게 배웠거나 잘못배운 학습내용을 교정, 확충, 보완해주는 교육활동이다.

따라서 평생교육활동이 다양하면 할수록 이 사회는 더욱더 학습사회로부터 평생교육 이념이 정착, 현실화되는 교육사회로 바뀔 수 있을 것이다. 이렇게 평생교육이 추구하는 내용은 곧 평생교육의 이념을 현실화하는 실천과정에 관련된 내용으로 구성되어 있으며, 그 내용은 곧 평생교육이 추구하는 중요한 목표달성에 필요한 내용으로 구성되어 진다. 이와 같은 평생교육 내용이 구성될 수 있는 배경은 현대사회의 특성과 연계되기 때문에, 여기서는 현대사회의 특성을 포괄적으로 설명하여 평생교육의 목적을 제시하였다.

Ⅵ 평생교육방법과 인간자원개발

인간자원개발은 계획적이고 구체적인 교육프로그램을 통해 전개될 수 있다. 인간자원개발에 중심을 두고 있는 평생교육은 평생교육시설, 단체 및 조직에서 다양하게 수행되고 있으며 교육방법으로는 다음과 같다.

1. 개인중심의 평생교육방법

1) 개인중심 평생교육방법의 특성

개인중심 평생교육방법은 교수가 아닌 학습 위주의 개인중심 학습방법이므로 페다고지(pedagogy)의 방법론과는 달리 학습계획의 설계와 학습활동 및 평가에 이르기까지 학습자의 주도적 특성에 의존한다.

학습계획의 설계에 있어서도 학습자 자신의 학습준비도에 따른 학습 내용의 선택과 학습 프로젝트(learning project)에 의존한다. 그러므로 안드라고지(andragogy)방법론은 대개 개인중심 학습 프로젝트, 질문 또는 의문 중심의 탐구 프로젝트(inquiry project), 독립적인 연구(independent study), 그리고 경험적인 기법 등이 주가 되는 개별학습방법이라 할 수 있다.

또한 학습성과나 결과의 평가에 있어서도 자기주도적인 성숙된 여가를 위주로 하고 있다. 그러므로 프로그램이나 학습의 주제에 따라서는 학습 경험위주의 방법론이 선택되기도 한다.

(1) 자기주도학습법

Knowles(1975:18)에 의하면 자기주도학습은 학습자가 자기의 욕구를 진단하고 목표를 설정하며, 학습자원과 학습전략을 선정하며, 진전도를 평가함에 있어서 다른 사람의 도움을 받거나 또는 받지 않고 주도권을 갖는 과정이다. 이러한 과정을 기술하기 위해서 나타난 용어들이 자기계획학습(self-planned learning), 독학(independent learning), 자기교육(self-education), 개인학습(individual study) 등이며, 이러한 형태의 학습을 수행하는 사람을 독학자(autodidacts), 자율학습자(autonomous learners) 등으로 부른다. 이러한 용어들이 가진 대부분의 문제점은 고립적인 상태에서 이루어지는 학습이라는 점에 있으나 자기주도학습은 고립적인 상태에서 이루어지는 것이 아니라, 교사나 개인교사(tutor), 지도자(mentor), 자원인사(resource people), 동료(peer) 등 다양한 형태의 조력자들(helpers)과 협력하여 이루어진다는 것에 많은 학자들이 동의한다.

이러한 자기주도학습의 핵심은 학습의 자기주도성(self-directedness)과 학습자의 자기관리이다. 이것은 세 가지 개념을 내포하고 있다. 첫째로 자기학습의 목적과 수단에 대한 다른 삶의 통제로부터의 "독립성", 둘째로 다른 사람의 원조를 받는 경우나 그렇지 않은 경우에도 자기가 주도권을 가지고 자기의 학습욕구를 진단하고 학습목표를 설정하며 학습자원을 파악하고 학습전략을 실행하고 학습경과를 평가하는 학습과정 전체에 있어서의 "주도성", 셋째로 학습의 의미 이해와 학습을 통해서 실현되는 가치와 관련되는 학습을 스스로 선택할 수 있는 "자율성"을 내포하고 있다. 이것은 학습계획과 방법에 있어서 자기주도성과 자기결정성 이상의 의미를 갖는다.

(2) 자기주도학습의 필요성

자기주도학습이 필요한 이유는 학자에 따라서 이견이 있지만, 그 주요한 내용과 의미를 간추리면 다음과 같다.

첫째, 학습에 있어서 주도권을 가진 사람들(proactive learners)은 가만히 앉아서 가르쳐 주기만을 기대하는 사람들(reactive learners)보다 더 많은 것을 더 잘 학습하게 된다는 것이다. 그들은 뚜렷한 목적의식과 동기를 가지고 학습에 임한다. 또한 수동적 학습자보다 학습한 내용을 더 오래 인지하고 그것을 더 잘 활용하는 경향이 있다.

둘째, 자기주도학습은 자연적인 심리학적 발달과정이라는 것이다. 인간이 처음 모체에서 날 때는 의존적 존재에 불과하다. 그때, 인간에게는 보호해 주고 먹여주며

결정을 해줄 부모가 필요하다. 그러나 자라서 성숙해 짐에 따라 인간은 처음에는 부모, 교사나 다른 성인들의 통제로부터 독립하려는 심리적 욕구를 개발하게 된다. 성숙의 본질은 자신의 삶에 대해 보다 많은 책임을 지는 능력, 즉 점차적으로 자기 주도적이 되고자하는 능력을 개발하는 것이다.

셋째, 인간은 급속한 변화를 특징으로 하고 있는 미지의 세계를 살아가야 하는데, 이러한 세계에 원만하게 대처하기 위해서는 자기가 필요한 지식이나 기술을 스스로 습득하는 능력이 필요하게 된다. 결국 자기주도학습을 하는 이유는 인간으로서 생존하기 위함이다.

(3) 자기주도학습의 유형

Grow(1991)는 형식적 학습과정의 학습에서 학생이 보다 자기주도적이 되도록 교사가 어떻게 도와줄 수 있는지를 개관한 단계적 자기주도학습(staged self-direct learning)모형을 제안했다. Grow모형은 학습자의 자기주도성 단계에 기초하여 학습자 특성과 그에 적합한 교수방법을 제시한다. 그는 학습자 특성을 각각 의존적 학습자(dependent learner), 관심 있는 학습자(interested learner), 참여적 학습자(involved learner), 자기주도학습자(self-direct learner)로 나누고 그에 적합한 교수방법 및 교사의 역할에 대해 논의하였다.

제1 유형은 의존적 학습자이다. 의존적 학습자는 학습해야 할 내용과 방법, 시기에 대한 분명한 방향을 세시해 줄 수 있는 권위적인 인물을 필요로 한다. 그들은 교사는 학습자가 무엇을 할 필요가 있는지를 아는 전문가로 취급한다. 학습자는 모든 주제에 의존적인 학습자가 있는 반면, 일부 주제에서만 의존적인 학습자도 있다. 의존적 학습자 중에는 어떤 특정 영역에서는 우수한 학생이 되는 부류도 있고 지속적으로 의존적인 경우도 있으며, 일시적으로 교사에게 의존적인 경우도 있다. 이 단계에 있는 학습자들은 앞으로 자기 자신이 학습해야 할 것이 무엇인지를 결정하기 위해서 교사에게 의존한다. 교수방법으로는 주제, 구조화된 연습, 매우 구체적인 과제, 철저한 개인교수 등을 강조하는 형식적 강의(formal lecture)를 포함한다.

제2 유형은 관심있는 학습자이다. 이 단계의 학습자들은 학습에 관심을 갖고 있으며 동기부여적인 기법에 반응한다. 또한 목적이 될 수 있다고 생각하는 과제를 기꺼이 수행한다. 교사는 학습자들이 열정적으로 학습하도록 하기 위해 교실에 열광과 동기를 불어넣는 일에 힘쓴다. 교사는 학습자의 자발성과 열의를 강화하는 지시적이지만 매우 후원적인 접근을 사용한다. 이 단계에 있는 학습자들은 교수자가 방향과 도움을 제공해 준다면 앞으로 나아가게 된다. 동기를 부여하고 격려해 준다면 학생들은 스스로 학습을 계속하게 된다. 교사는 학생들이 보다 자기주도적이 되도록 각 과제를 설명하고 과제의 가치에 대해 설명한다. 그러나 이 단계에서의 교수활동 역시 매우 지시적이다. 교수방법은 교사주도적 토론, 전문가의 시범, 결과를 예견할 수 있는 구조화 된 프로젝트, 철저한 감독, 피드백, 격려 등이 활용된다.

제3 유형은 참여적 학습자이다. 이 단계에서는 학습자는 기술과 지식을 가지고 있고, 스스로 교육에 참여하는 사람이라고 본다. 그들은 훌륭한 안내자와 함께 어떠한 주제를 탐구할 준비가 되어 있다. 그들은 스스로 그 중 일부를 탐구하기도 하지만, 다른 사람들과 함께 학습할 수 있는 능력이 있다. 참여적 학습자는 자신의 생활경험을 파악하고 가치를 부여하는 학습을 할 뿐 만 아니라 다른 사람의 개인적 경험에 가치를 부여하는 학습을 한다. 그들은 동료집단과의 온정적인 상호작용을 통해 학습하는 것을 행복해 하며 스스로 학습을 창조하는 것을 배우게 된다. 교수방법은 교수와의 세미나, 학생의 집단 프로젝트, 감독을 받지 않고 학생들이 개발한 집단 프로젝트 등이다.

제4 유형은 자기주도적 학습자이다. 자기주도학습은 전문가의 도움을 받거나 또는 받지 않고 자신의 목표와 기준을 설정한다. 그들은 목적을 추구하기 위해 전문가나 기타 자원들을 활용한다. 독립적이 된다는 것은 고독한 사람이 되는 것을 의미하지 않는다. 이 단계의 학습자들은 자신의 학습결과에 대해 책임을 진다. 그들은 시간관리, 과제처리, 목표달성, 자기평가, 정보수집, 활용 등이 있어 기술을 행사한다. 대부분의 학습자들은 자율적인 분위기에서 성장한다. 교사는 교과를 가르치는 것이 아니라 학생의 학습능력을 배양해 준다. 교사는 학생들이 개발한 각 프로젝트에 대해 기준, 평가방법, 시간표 등을 자문해 준다. 학생들이 진척도를 논의하고 문제점을 토론할 수 있도록 정기적인 회합을 개최한다. 교사는 격려자, 조언자로서 학생주도적 토론, 팀 프로젝트 등으로 참여한다.

2) 개인중심 평생교육방법의 유형

개인중심 평생교육방법은 일반적으로 학습보조자의 도움을 받는 형태, 완전히 독자적인 학습형태, 교육자료 중심 학습형태 등으로 구분할 수 있다.

(1) 학습보조자의 도움을 받는 형태

① 도제제도 : 주로 기술습득과 관련된 영역으로서 경험 있는 숙련자로부터 개별적 습득을 하는 형태
② 통신교육 : 교수자(instructor)와의 통신을 통한 개별 학습방법.
③ 카운슬링 : 성인상담자의 도움을 받는 개인 평생교육방법으로 주로 개인의 심리적 문제해결에 도움을 받는 유형이다.
④ 직접개별학습 : 일정한 교수에 의존하여 수시로 직접 교수학습하는 형태이다.
⑤ 감독 및 장학 : 감독자의 지도나 장학에 의존하는 개인중심의 사회교육의 형태로서 계속적인 자기발전을 위한 감독훈련 형태이다.
⑥ 개인지도 및 코치 : 교육자와의 일대일로서의 학습형태이다.

(2) 독자적 학습형태

① CAI : 자기주도적인 학습의 대표적 형태로서 컴퓨터 보조학습이다. 이 개인중심 학습 방법은 프로그램화된 컴퓨터와 상호작용을 통해 학습하는 형태이다.
② 현장경험 : 조직적이고 계획적인 현장 경험중심의 개인학습 형태이다.
③ 독립적인 독서 연구 : 학습자 주도의 체계적인 독서의 연구형태이다.

(3) 교육자료 중심의 학습형태

① 개인학습 프로젝트 : 특수영역의 학습을 달성하기 위한 교육자원 활용 등을 포함한 학습자 주도적인 형태이다.
② 관찰・모방 : 모방 및 관찰 중심의 학습형태로서 견학도 포함된다.
③ 다중 미디어 학습 : 개인중심의 평생교육방법으로서 인쇄자료, 진단적 도구, 시청각 자료, 마이크로필름, 실습을 위한 책, 그리고 평가도구 등을 활용하는 복합된 학습형태이다.
④ CBT : 컴퓨터를 활용한 개인중심 평생교육형태로서 주로 기술과 실습중심의 컴퓨터 중심훈련이다.

3) 개인중심 평생교육방법의 절차

(1) 개인교육욕구의 진단

교육욕구의 진단을 위해서는 우선 바람직한 행동이나 요구되는 이해 또는 능력을 개발하기 위한 중심모델을 설정한 후 자기 진단적 평가에 의한 교육욕구를 진단해야 한다.

그 진단의 내용은 대체로 학습내용, 학습기간, 학습활동, 학습평가와 요구되는 기법 또는 이해수준의 영역에 이르기까지 포괄적인 진단이 포함된다.

(2) 개인교육목표의 설정

목표설정과 관련된 내용에는 내용관련요소, 주제, 개념 등의 성취수준을 설정하고 이를 조직하고 계획을 수립하는 것이다. 이때 개인중심의 평생교육방법을 활용한다는 점을 고려해야 하기 때문에 자기 개발을 위한 자기 결정적 방향에 의해야 한다.

개인 중심의 평생교육 프로그램을 위한 목표설정에서 유의해야 될 요인은 다음과 같다.

① 개인 중심의 교육의도를 기술하는 내용
② 개인 중심의 성취와 이러한 성취의 인지와 관련된 내용
③ 학습자 최종행위에 관련된 내용
④ 각 목표를 위한 별개의 목표설정 등이다.

제시된 목표설정을 위한 체크리스트를 활용하여 개인 중심의 학습활동을 위한 학습목표를 기술하고 각 목표에 따른 목표 체크리스트를 작성하여야 한다.

(3) 개인교육경험의 형태설계

일반적으로 학습경험을 조직하기 위해서는 세 가지 요인을 고려해야 한다. 즉, 지속성(continuity), 절차성(sequence) 및 통합성(integration)을 고려해야 한다.

지속성은 주된 커리큘럼 요소의 시간의 경과에 따른 수직적인 반복을 의미하며 절차성이란, 각 개개인의 지속적인 학습경험의 처리를 의미한다. 그리고 통합성은

각 커리큘럼 요소간의 수평적인 연계성을 뜻한다. 이러한 교육경험의 내용 설계에 있어서의 유의점은 주체의 논리적 조직에 적용되는 것이 아니라 학습자의 심리적 조직에 적용된다는 점이다.

(4) 개인학습결과의 평가 및 개인학습 욕구의 재진단

교육경험의 형태가 설계되고 나면 즉, 개인학습계획이 이루어지고 나면 이에 따라 개인학습이 일어나게 된다. 이러한 학습은 학습 설계에 따라 계획대로 전개되는데 그러한 과정이 끝나면 그 학습에 대한 평가를 해야 하며 이러한 평가를 바탕으로 다음 개인학습을 위한 욕구를 다시 진단해야 한다.

개인학습결과를 평가하고 개인학습욕구를 진단하기 위해서 대개 목표, 설계, 과정 및 결과 등의 영역에 따라 검증하게 된다.

개인중심 평생교육방법에서는 모든 학습이 자기주도적으로 이루어지므로 평가 또한 자기주도적 평가를 하게 된다. 대개 평가는 형성평가와 종합평가를 하게 되는데 학습경험내용과 주제에 따라 표준화된 개인중심 평생교육 프로그램의 평가자료를 활용하거나 평가기관에 의존하는 경향이 있다.

2. 집단 중심의 평생교육방법

1) 집단 중심 평생교육방법의 특징

집단중심 평생교육방법은 집단 내에서 적극적인 상호학습을 통해서 개인적인 욕구를 충족시킴과 동시에 공동체 의식을 기르거나 과제를 해결하며 집단 목표를 달성해 나가는 평생교육방법이라 할 수 있다. 대부분의 청소년 및 성인을 위한 평생교육프로그램은 상호학습의 원리를 특징으로 하는 집단중심방법을 통해서 이루어지고 있다.

여기에서의 집단은 일방적으로 구성원의 수에 따라 소규모 집단과 대규모 집단으로 구분하는데, 이를 구분 짓는 합일된 기준이 있는 것은 아니며, 대체로 소규모 집단이 대규모 집단에 비해 개인적 욕구와 특성 반영, 역동적 상호작용, 적극적인 참여, 학습자의 높은 책임의식 등의 측면에서 우월하다고 알려져 있다.

집단중심방법은 체계적이고 조직화된 교육방법으로서 다음과 같은 장점을 가지고 있다.

첫째, 일시에 많은 인원의 교육이 용이하다. 둘째, 집단효과 등을 통하여 학습동기의 유발이 용이하다. 셋째, 학습자간 또는 학습자와 교육자간의 친교와 만남을 통하여 정서적·인격적 성숙에 보다 큰 영향을 받을 수 있다. 넷째, 다양한 사고와 의견의 접촉을 통하여 시야를 확대하고 민주적인 의사결정과 생활태도를 쉽게 형성할 수 있다. 그러나 이러한 장점은 그것이 잘못 활용되었을 때 부정적 효과를 초래할 수도 있다. 예를 들어 교육의 질보다 학습자 인원 수 위주의 실적에 얽매인 다거나 학습자 특성이 고려되지 않은 집단구성으로 학습동기와 상호작용을 오히려 저해하는 경우를 생각해볼 수 있을 것이다. 또한 교육기관의 권위주의적이고 일방적인 프로그램의 운영으로 비판적이고도 창의적인 사고를 방해할 수도 있고 나아가 민주적인 태도형성에 비효과적일 수도 있다.

2) 집단중심 평생교육방법의 유형

(1) 강의식 평생교육방법

① 강의식 평생교육방법의 특징

강의식 평생교육방법은 다수를 대상으로 설명에 의한 교수방법을 말한다 즉, 문제형식으로 제시된 사항 또는 관념을 피교육자에게 이해시키기 위하여 해설의 방식으로 실시하는 교수기술의 한가지 방법이다.

강의식 평생교육방법이 전개되는 이유로는 관련된 서적이 없거나 적어서 교육자만이 책을 가지고 있기 때문에 강의 이외의 다른 교육방법도입이 어려울 때 많이 이용되고 있으며 특히 교육대상자가 많을 때, 토론식 방법도입이 어려울 때 이러한 강의식 방법이 많이 이용된다. 그리고 시간적 또는 공간적으로 다른 교육방법보다 학습효과를 더 향상시킬 수 있을 때 많이 쓰여지는 보편적인 학습방법의 하나이다.

교육자는 피교육자로 하여금 학습목적과 소기의 교육성과를 성취하도록 하기 위하여 강의식 교육방법을 일반적으로 많이 사용하고 있다.

현대의 교육 특히 평생교육에서는 강의식 교육방법을 탈피하여 피교육자 중심의 교육방법으로 전환되는 경향이 많이 있으나 아직도 강의식 방법이 많이 사용되고 있다.

강의식 방법은 근본적으로 피교육자에게 새로운 과목내용을 소개하기 위하여 이용되고 있다. 그리고 간단한 내용과 이론의 요점을 설명하는 데에는 강의식 방법이 많은 장점을 지니고 있다. 그러므로 강의식 방법도 많은 가치를 지니고 있다고 볼 수 있다. 따라서 교육자는 이러한 방법의 장점을 최대한 이용하여 교육효과를 증진시키도록 해야할 것이다. 그러나 평생교육에서는 강의식 방법보다 토론식 중심의 평생교육방법을 더욱 선호하는 경향이 있기 때문에 여기서 강의식 방법의 장·단점을 제시해보기로 하겠다.

강의식 방법의 장점은 다음과 같다.

첫째, 교육자가 비교적 단시간 내에 여러 가지 구상을 제시할 수 있다.

강의식 방법은 교육자료를 피교육자에게 제시하는데 필요한 시간을 기준으로 할 때 여러 가지 교육방법 중 가장 경제적인 방법이다.

둘째, 논제를 소개하는데 적합하다. 강의식에서는 교육자가 서로 상이한 경험과 배경을 가진 피교육자에게 원리와 제 사실에 관한 공통적 이해를 증진시킬 수 있다.

셋째, 대집단을 교육하는데 유익하고 편리한 방법이다.

넷째, 다른 교육방법으로 얻기 곤란한 정보를 제공하기 위하여 사용될 수 있다. 피교육자가 사용하는 교과서나 참고서에 기재되어 있지 않은 사실의 전달이나 이해하기 곤란한 사항을 설명하거나 동기부여가 필요한 것에 유효하다.

다섯째, 일어났던 사실이나 여러 가지 생활상태 등을 생생하게 재현시키는데 적당한 방법이며 이를 위한 보조 자료를 제시할 경우에 유효한 방법이다.

여섯째, 교과서내의 소재에 대한 취급방법의 결함을 명백히 하여 이것을 재조직하고 수정 보완하는데 좋은 역할을 한다.

그리고 강의식 방법의 단점은 다음과 같다.

첫째, 피교육자의 참여도가 떨어져 교육자로 하여금 모든 일을 처리하도록 한다.

둘째, 교육자가 피교육자에게 시험을 부과하기 전에는 학습 성취도를 측정하기가 매우 어렵다.

셋째, 교육자가 강의를 하는 모든 시간동안 피교육자의 주의를 집중시키기가 곤란하다.

넷째, 문제해결에 대한 능력을 연마할 기회를 부여하지 못하게 된다.

다섯째, 교육자가 위주가 되는 관계로 피교육자가 강의내용을 분석하지 못하므로 그 중점요약을 파악하지 못하는 점이 있다.

여섯째, 강의식은 극단적인 경우에 계속적인 받아쓰기 연습에 그칠 수 있다.

일곱째, 강의식은 개인차를 기초로 한 학습지도가 곤란하며 교과서의 설명에만 치중되어 폭넓은 학습기회가 적어진다.

여덟째, 피교육자의 교육욕구와 너무 거리가 먼 교육으로 치중될 염려가 있다.

② 강의식 평생교육방법의 단계

첫째, 강의목적 설정

강의는 교육자가 일정한 교육내용을 피교육자에게 전달해 줌으로써 피교육자의 지적수준을 향상시키는데 있으므로 우선 피교육자에게 어떤 교육내용을 전달해야 하는가를 결정해야 한다. 즉, 일정한 강의목적으로 설정하게 되면 이에 관련된 교육내용을 체계있게 조직하게 된다. 이러한 강의목적을 설정하는데 생각해야 할 점은 교육자의 능력범위 안에서 소화할 수 있어야 하며, 일정한 시간 내에 전달가능 해야 한다. 특히 피교육자의 수용정도를 고려해야 한다.

둘째, 자료수집

강의목적이 설정되고 나면 이러한 강의목적을 달성하는데 필요한 강의자료를 수집해야한다. 강의 자료는 강의가 원만하게 이루어지도록 하는 중요한 수단이 되기 때문에 가능한 많은 자료가 수집되어 교육효과를 증대시키도록 해야한다. 특히 강의자료에는 각종 시청각 교재도 등장되어야 하는 경우가 많기 때문에 강의 내용에 따라서 자료준비는 매우 다양하다고 볼 수 있다.

만약 강의자료가 불충분하게 되면 피교육자가 교육 내용을 이해하고 수용하는데 매우 어려움이 따르기 때문에 비효율적 강의가 되기 쉽다. 또한 강의 시간도 매우 지겹게 여겨지기 때문에 다음에의 강의에도 매우 부정적 영향을 미치게 될 것이다.

자료를 선정할 때 유의해야 할 사항을 보면 다음과 같다.

① 수집된 자료 가운데 강의 내용과의 적합성을 검토해야 한다.

② 강의내용에 적절하고 중요한 것부터 체계적으로 수용해야 한다.

③ 자료는 신뢰성, 객관성이 있어야 하며 또한 피교육자의 수용능력에 부합되어야 한다.

④ 지나친 흥미본위의 자료수용은 삼가야 한다.

⑤ 수집된 자료간에는 유기적인 관계가 이루어 질 수 있도록 짜임새 있게 조직되어야 한다.

셋째, 자료조직 및 강의연습

일정한 자료가 수집되어 필요한 강의 내용 구성에 부합한 자료를 주어진 시간에 강의목적을 달성하기 쉽도록 체계적으로 조직해야 한다. 강의조직은 대체로 피교육자가 쉽게 이해할 수 있도록 귀납적 접근법으로 짜여지는 것이 좋다. 즉, 상식적이고 경험적 내용으로부터 차츰 체계적이고 본질적 내용으로 접근하여 필요한 교육목적을 달성하여야 한다. 이러한 강의자료 조직은 일정한 강의노트 또는 도안을 만들어 이용하는 것이 바람직하며 이렇게 만들어진 강의 내용은 강의를 하기 전에 미리 실습해 보는 것이 보다 효과적으로 강의에 임할 수 있게 되며 또한 강의에도 자신감을 갖게 된다.

(2) 토론식 평생교육방법

① 심포지움(Symposium)

심포지움은 일정한 공통의 주제 혹은 관련된 주제에 대하여 관계되는 2~5명의 전문가가 그 주제에 대하여 자기의 의견을 청중들에게 발표하는 형태의 일종의 토론식 평생교육방법이다.

즉, 심포지움은 집단토론 방식으로 실제 평생교육방법에서 많이 활용되고 있는 것으로 동일한 주제 혹은 상호 관련되어 있는 몇 가지 소주제를 중심으로 소수의 사람들이 공식발표 형태로 각자의 전문적 지식과 의견을 제시하고 토론하는 일종의 공식적 좌담토론 형태를 취한다.

심포지움은 해당분야에 권위 있는 2~5명 정도의 전문가로 구성되며 이들은 각각 특정주제에 대하여 20~30분간 공식발표를 하게 된다. 이때 발표자간의 상호토론 또는 의견교환이나 청중들과 발표자간의 의견교환이 이루어지지 않는다. 심포지움은 청중간에 또는 각 발표자간에 상호의견교류가 허용되지 않는다는 점에서 토론형 학습기법으로 생각하기 어렵다는 지적도 있을 수 있다. 그러나 심포지움 방식은 한 주제에 대하여 다양한 지식, 정보가 체계적, 논리적으로 여러 사람에 의해 제시될 수 있다는 점에서 토론형 평생교육방법으로 분류될 수 있다.

그리고 발표자가 발표시간이 짧으므로 과연 그 시간 내에 얼마나 심도 있는 전문적 논의가 가능할 것이냐 하는 문제도 제기될 수 있으나 이것은 그 분야에 대한 전문가의 경험과 지식으로 주어진 시간에 적절히 자신의 의견을 발표할 수 있을 것으로 판단된다.

심포지움은 다른 토론식 평생교육방법과 비교할 때 그 특성이 뚜렷하게 나타난다. 즉, 심포지움은 다음과 같은 조건일 때에 이용하는 것이 다른 평생교육방법보다 유리할 것이다.

즉, 어떤 일정한 분야에 대한 정보 및 지식을 조직적인 방법으로 제시하려할 때, 어떤 논쟁적인 주제에 대하여 권위 있는 의견을 요구할 필요가 있을 때, 하나의 논쟁적인 주제에 대하여 여러 각도에서 설명할 필요가 있을 때, 상호 밀접하게 관련된 주제에 대하여 분명한 구분을 요할 때, 일정한 주제에 대하여 많은 사람들이 광범위한 지식을 알아야 할 필요성이 있을 때 요구된다.

위와 같은 조건이 요구되는 내용에 대한 토론 형식에는 심포지움 방법이 많이 이용되고 있으며 오늘날과 같은 다양한 정보를 요구하는 산업사회에서 특히 많이 이용되고 있는 평생교육방법의 하나이다.

심포지움의 장점으로는 첫째, 짧은 시간 내에 특정 주제에 대하여 체계적인 지식을 청중들에게 전달 할 수 있으며 둘째, 집단의 규모가 커서 청중들이 토론에 직접 참여하기 어려울 때 효과적으로 이용될 수 있다. 셋째, 관련 주제에 대하여 논쟁의 여지가 많은 것에 대하여 전문가를 통하여 그 쟁점을 해소시킬 수 있게 된다. 넷째, 관련 주제의 상호관련성을 분명하게 제시할 수 있다. 다섯째, 짧은 시간 내에 많은 지식을 전달할 수 있다.

단점으로는 첫째, 피교육자 즉, 청중들의 피동적, 수동적 참여가 이루어지게 된다. 둘째, 일정한 주제 또는 관련된 주제 발표로 인해 발표자간 사전 조정이 없으면 내용상의 중복이 많아진다. 셋째, 내용중복이 많아 질 땐 지루한 시간이 된다. 넷째, 일정한 주제에 대하여 발표자간 의견이 상반될 때 이에 대한 판단기준이 흐려진다. 다섯째, 판단기준의 흐트러짐으로 인해 지식체계의 혼돈을 가져올 수 있다. 여섯째, 청중들에 의해 발표효과를 측정해 내기 어렵다. 마지막으로 관련된 전문가를 여러 명 확보하기가 어렵다.

② 세미나(Seminar)

세미나란, 50여명 이하 또는 5～30명 정도의 소수집단원을 참여자로 구성하며 구성원은 대부분 당해 주제분야에 관해 권위 있는 전문가나 전문적인 연구관련자로 구성된다.

세미나는 특정의 전문연구사업과 관련하여 전문연구기관의 주도 하에 수행되는 경우가 많으며 발표자는 물론 참석자 전원이 당해 분야에 관해 높은 관심을 보유하고 있으므로 공식적 발제내용과 공개적 질의 및 토론이 매우 전문적이면서도 활발하게 진행된다. 따라서 전문적 식견과 배경이 없는 일반청중이나 관찰을 위한 참석자들은 세미나 내용을 거의 이해하기 어려우며 동일 분야가 아닌 다양한 전공분야 구성원들의 경우에도 세미나방식으로는 학습효과를 기대하기 어렵다.

세미나는 세미나를 주도해 나갈 주제발표자나 공식 발표자의 공식 발제보고에 대한 참석자들의 준비된 관련 보고나 의견개진, 질의 등 공개토론 형태로 운영되며 그 주된 목적은 참여자들에게 권위 있는 전문연구진의 주도 하에 당해 분야에 관한 전문적 연수가 훈련의 기회를 제공하려는 데 있다. 따라서 참석자 전원은 공식 발표자가 아니더라도 구두로 또는 문자화된 약식 보고서의 형태로 자료를 상호교환할 것이 요구된다.

세미나는 대학이나 전문연구기관에서 많이 이용되는 토론형 평생교육방법으로 쓰여지고 있으나 실제 세미나 운영과정을 보면 순수한 세미나 형태의 토론과정이 아니고 다른 토론형 평생교육방법과 혼합된 방법으로 전개되는 경우가 많다. 여기서는 순수한 세미나 형태의 평생교육방법의 특성을 제시해 보았다.

첫째, 세미나 참석자 전원은 고도의 전문적 식견을 지닌 의장의 주도 하에 자신들의 전문분야에 관련하여 새로운 아이디어나 경험, 지식, 정보 등을 세미나 발표와 질의 응답을 통해 충분히 얻게 됨으로써 당해 분야에 대한 연구의 심화와 개별적인 자질향상 및 전문연수, 훈련의 기회를 갖게 된다.

둘째, 세미나 참석자 전원은 발표자의 발표내용 및 공식 보고내용에 대해 구두나 문서형식의 개별토의내용을 준비하여 서로 발표하고 의견을 교환하는 임무를 부여받게된다.

셋째, 전 구성원간의 적극적인 참여가 가능하다. 이 때 참여는 세미나가 진행되고 있는 집단토론 시간뿐만 아니라 사전보고서 작성 및 조사연구기간, 주제 발표내용 및 발표준비 시기 등에 걸쳐 지속적으로 전 구성원에 의해서 이루어진다.

넷째, 주제 및 하위주제에 관련된 각종 참고자료와 관련자원을 활용함으로써 세미나 활동의 학습효과 향상은 물론 세미나 참석자들의 관심분야 확산과 전문성제고, 관련주제에 대한 학습홍미와 동기유발을 일으킬 수 있다.

③ 배심토론(Panel discussion)

배심토론(Panel)이란, 주어진 주제에 대하여 유목적적인 대화를 가지는 3~6명의 사람들의 집단이다. 패널의 구성원은 토론이 되어질 주제에 홍미와 지식이 그리고 학습자들 앞에서 주제에 대해 이야기할 수 있는 능력 등을 근거로 하여 이루어진다. 패널의 구성원은 보통 학습자들 앞에 있는 테이블에 앉는다. 패널 구성원들간에 대화는 사회자가 미리 준비된 질문에 따라 진행한다.

학습자들은 그들의 대화를 보고 듣지만 참여하지는 않는다. 패널토의는 보통 15~45분간 지속되는데 내용에 따라 시간차이가 많이 나는 수가 있다.

배심토론은 오늘날 사회적으로 문제시되는 내용 또는 주요 관심분야에 대하여 많이 이용되는 집단토의 형태로서 TV매체를 통하여 많이 볼 수 있다. 그리고 배심토의는 매우 다양하면서도 청중들로 하여금 폭넓은 정보를 구할 수 있는 형태로서 그 전개방법에는 다음과 같은 특징이 있다.

첫째, 배심토론은 특정의 문제나 논쟁점에 관련된 주제에 대한 관심을 증대시키거나 이해를 증진시키고 이에 대한 다양한 의견을 광범하게 수렴하여 지침을 제시하는 학습기법이다. 따라서 학습자들은 직접대화나 토론에 참여하지는 못하지만 경청을 통한 배심토론 진행과정에의 간접참여로서 특정주제에 대한 관심의 제고와 함께 다양한 견해에 접하게 되고 문제와 논쟁점을 명료화할 수 있으며 이러한 과정에서 주제에 관한 관련지식·정보를 부수적으로 습득하게 되므로 충분한 학습효과를 얻게된다.

둘째, 전문적 지식을 갖추고 있지 않은 학습자들에게도 높은 학습효과를 기대할 수 있다. 비교적 자유롭고 비형식적인 분위기 속에서 공식적 발표와 토론보다는 자유롭게 다양한 의견이 활발하게 교류되기 때문에 학습자들의 이해를 높이게 된다.

셋째, 배심토론 구성은 사회자, 토론자 및 청중으로 이루어진다. 이때 사회자는 논리 정연하고 체계적인 질의나 발제를 통해 산만해 지기 쉬운 토론 분위기를 잘 조정해 나가야 한다.

넷째, 배심토론자는 대담식 토론 전에 공식적인 자신의 의견을 제시할 수 있다. 배심토론의 효과를 제고시키기 위해 각 패널 구성원들은 대담식 토론의 개진 이전의 약 5분 이내의 간략한 공식적 진술이나 다소 공식적인 의견 발표시간을 먼저 가질 수도 있다. 경우에 따라서는 공식적 진술이나 의견 개진 외에 관련주제에 관한 영화나 슬라이드 등을 보여 줄 수 있다.

다섯째, 배심토론 후 포럼형태의 토론을 진행시킬 수 있다. 배심토론이 끝난 뒤에는 보통 그 후속 프로그램으로 청중들이 모두 폭 넓게 직접 참여할 수 있는 포럼형태의 공개토론회를 갖는 경우가 많다. 공개토론회에서는 배심토론의 주제에 관한 후속적 의견의 제시와 수렴, 논쟁 등이 심도 있게 이루어지게 되고 이 시간에는 청중들이 토론에 직접 참여할 수 있게 되어 많은 학습효과를 올리게 된다.

여섯째, 배심토론은 다양한 의견수렴을 통해 문제해결을 용이하게 한다. 배심토론은 집단 스스로가 주어진 문제를 명료하게 인식하고 이에 관해 체계적인 방식으로 다양한 아이디어와 의견을 수렴함으로써 문제를 해결해 나가는 과정으로 이해될 수 있다. 따라서 배심토론은 특히 집단구성원 전체가 집단의 문제에 깊은 관심과 해결의 의지를 갖고 있으나 그에 대한 해결 방법에서는 의견의 합치를 보지 못하고 충분한 토론과 의견수렴을 요하는 상황이 있을 경우 보다 효과적인 학습기법으로 작용할 수 있다.

배심토론은 다른 집단토의 형식에 비하여 약간의 독특한 특성을 지니고 있지만 큰 범주 내에서는 그 전개과정이 집단화된다는 측면에서 공통성을 지니고 있으며 또한 이러한 토론은 다음과 같은 장·단점을 지니고 있다.

장점으로는 첫째, 여러 자원인사가 학습자들의 흥미를 불러일으킬 수 있다. 둘째, 학습자들에게 여러 가지 다른 견해들이 표명되어질 수 있다. 셋째, 학습 분위기가 부드럽다. 넷째, 잘 진행된 패널토의는 학습을 촉진시키는데 매우 효율적이다.

단점으로 첫째, 패널의 토의를 활성화하고 이끌어 가는데 유능한 사회자를 필요로 한다. 둘째, 능력 있는 패널구성원을 구하기가 쉽지 않다. 셋째, 학습자들이 토론으로부터 유익한 것을 얻을 수 있을 만큼 충분한 관심과 지식 또는 경험을 가지고 있지 않을 수가 있다. 넷째, 무책임한 배심토론 구성원은 학습을 촉진시키기 보다 사적인 일에 더 관심을 가지는 경우도 있다. 마지막으로 패널은 대화를 통해 이루어지므로 체계적이고 논리 정연한 정보제시가 어려울 때가 있다.

배심토론을 위한 시설물 배치는 사회자, 배심토론자 및 학습자들의 상호 협조적인 분위기를 조성할 수 있게끔 배치되어야 하는데 대체로 시설물 배치는 학습자들이 사회자와 배심토론 구성원들을 볼 수 있어야 하고 그들의 말을 들을 수 있도록 이루어져야 한다. 이를 위해 집단의 크기와 회합의 성격에 어울리는 방이나 강당을 선택하는 것이 좋으며, 사회자와 패널구성원을 확인할 수 있도록 이름표를 준비해야 한다.

④ 대담토론(Colloquy)

대담토론은 배심토론(panel discussion)의 한 일종으로서 콜로키라 불리우는 학습기법으로서 대담토론은 보통 6~8명 정도의 인원이 토론자로 구성되며 이중 3~4명은 학습자 대표이고 다른 3~4명은 전문가나 자원인사이며 한 명의 사회자가 대담토론 과정을 총괄하여 이끌어 나가게 된다.

대담토론 시간은 학습자 집단과 전문가 집단 양측에 거의 동등하게 주어진다. 이때 주된 의사소통과 참여는 전문가와 학습자 대표집단에 의해 이루어지나 일반학습자(청중)들도 사회자의 사회에 의해 직접 대담토론과장에 참여하게 된다.

즉, 전문가나 자원인사들이 주어진 주제에 대해 의견을 발표 및 개진하면 학습자 대표들이 이에 관해 질의를 하거나 의견을 개진하게 되는데, 이때 사회자의 지도하에 일반 학습자들도 토의에 참여하여 질의하거나 의견을 개진할 수 있다.

대담토론은 패널토의와 매우 유사한 방법이지만 몇 가지 측면에서 독특한 특성을 지니고 있을 뿐 아니라 그 외에도 대담토론만이 갖는 특성이 있다. 이에 관하여 몇 가지 제시해 보면 다음과 같다.

첫째, 대담토론구성이 전문가와 학습자로 구성된다. 대담토론은 구성원이 학습자 대표집단과 외부 전문가가 반반이라는 점과 학습자 대표집단이나 학습자가 직접 토의에 참여하여 쌍무적 의사소통을 하게 된다는 점에서 배심토론과 차이가 있다.

둘째, 일반청중도 토의에 참여할 수 있다. 대담토론에는 학습대표뿐만 아니라 일반학습자인 청중들도 토의에 참여할 수 있고, 연사(발표자)가 3~4명 정도의 다수 전문가로 이루어지면 이들과 학습자들간의 대담형식으로 토론이 이루어진다는 점에서 학습대표집단 참여제 토론과도 차이가 있다.

셋째, 학습자의 능동적인 참여를 유발시킬 수 있다. 대담토론에는 학습자의 자유로운 참여를 보장하기 때문에 학습자의 학습참여를 가능케 함으로서 그들의 학습흥미와 동기를 크게 고취시킬 수 있음은 물론 실제적인 학습효과도 제고시킬 수 있는 기법으로 평가된다.

넷째, 학습자 욕구를 최대한 충족시킬 수 있다. 전문가나 자원인사도 또한 소수의 학습 대표집단뿐만 아니라 학습자 전체집단의 참여를 통해 그들 질의와 의견을 접하게 됨으로써 충분한 학습자 반응을 환류 받을 수 있고 학습자 욕구충족에 보다 근접하는 토론을 진행할 수 있게 된다.

다섯째, 학습자는 풍부한 지식과 경험을 접하게 된다. 여러 명의 전문가와 자원인사도 토의에 참가하게 되므로 학습자들은 주제에 관한 다양한 의견을 접하게 되고 풍부한 관련 지식·정보를 습득하게 되며 자신의 질의사항에 관해서도 다양한 견지의 응답과 견해를 접할 수 있게 된다.

여섯째, 학습자의 학습효과를 높일 수 있다. 전문가와 학습자간에 그리고 학습자 대표와 학습자간에도 매우 자연스럽고 자유로운 의사소통이 가능하며 그로 인해 삼자간의 공식적인 진행의례에 따른 간격이나 거리감이 해소되며 학습효과가 더욱 제고 될 수 있다.

일곱째, 모든 참여자들의 의견을 수렴할 수 있다. 사회자의 체계적이고 논리 정연한 진행만 전제된다면 매우 다양하면서도 심도 있는 논의들이 자유롭게 전개될 수 있으며 모든 참석자 집단들의 의견이 수렴되어 한 주제에 관해서 라도 폭넓고 융통성 있는 학습이 이루어질 수 있다.

⑤ 포럼(forum)

포럼은 자유토론형의 학습기법으로 보통 25명 이상의 집단구성원들과 한 명 이상의 전문가들간에 진행되는 15~60분간의 공개적인 토론을 의미한다.

포럼에는 다양한 기술이 사용되고 학습자들이 직접적으로 참여하는 대단위 공식적 회합을 의미한다. 포럼은 단순히 질문하고 대답하는 것만이 아니라 청중이 논평하도록 자극하고 논쟁점을 토론하여 정보를 제공하며 또한 모든 구성원이 질의 응답형태로 자신의 의견을 발표하고 직접토론에 참여하게된다는 점이 특징적이다.

즉, 포럼은 다양한 유형의 토론기법들이 활용될 수 있는데 토론의 장으로서, 학습자들이 직접 참여하여 공식적 발표를 한 전문가나 자원인사들에게 질의응답을 함으로써 자유롭게 상호 의사소통을 하고 의견 개진과 토론을 하게되는 대단위 토론회합이다.

이때 청중 학습자들은 단순히 질문만 하는 것이 아니고 전문가나 자원인사와의 상호교환을 통해 포럼의 논평과 의견개진에 적극 참여하도록 동기유발되며 동시에 주제에 관련된 적절한 지식, 정보를 얻게 됨으로써 자연스럽게 토론의 장에 유입되게 된다.

포럼은 보통 다음과 같은 시기에 사용된다.

첫째, 다른 기법에 의해 사전에 제기된 논쟁점이나 제시된 정보를 명백히 하거나 조사하고자 할 때. 둘째, 학습자로 하여금 아이디어와 의견을 내놓게 할 때. 셋째, 질문과 대답보다 토의를 하고자 할 때. 넷째, 전문가들로 하여금 토의에 나타난 요구와 관심사항에 대해 언급하도록 하고자 할 때. 다섯째, 보다 나은 프로그램에 의해 접해질 수 있는 요구와 관심사항을 확인하고자 할 때 등의 시기에 포럼형식의 자유토론이 많이 이용된다.

포럼이 다른 토론 유형에 비해 가지는 특징은 다음과 같다.

첫째, 포럼은 모든 참여자가 토론 참여를 통해 학습성과를 기대할 수 있다. 단순히 특정 소수의 전문가나 자원인사의 공식적 보고 또는 발표에 의한 간접의사소통학습이 아니라 전 포럼 참여자들의 직접적인 토론에의 참여를 통한 토론학습이라는 점에서 보다 직접적이고 효과적인 학습성과를 기대할 수 있게 된다.

둘째, 포럼은 제기된 주제에 대한 포괄적인 정보를 획득하게 된다. 포럼은 강의, 강연, 심포지엄, 패널 등의 공식적인 토론회합에서 제기된 주제나 문제를 보다 명확히 하고 이에 관한 전 집단구성원의 심층적인 의견개진이나 토론을 유도하고자 할 때 효과적으로 많이 활용되는 기법으로서, 제기된 주제 문제에 대한 확인작업과 추가정보 등에 효과를 거둘 수 있다.

셋째, 포럼은 참여자의 포괄적인 지혜를 제시 및 습득할 수 있다. 포럼은 학습자 전체집단이 제시한 아이디어나 의견은 소수의 전문가나 자원인사들만의 공식적 발표내용보다 다양하고 유용한 것일 수 있으며 특히 집단지혜의 수렴이라는 점에서 효과적일 수 있다.

넷째, 포럼은 학습자의 욕구를 충족시킬 수 있다. 포럼은 구성원이 제시한 의견이나 질의를 중심으로 진행되기 때문에 학습자의 학습욕구와 필요를 충족시켜주는 방향으로 토론이 진행될 수 있다.

다섯째, 포럼은 논리 정연한 주제토론이 가능하다. 포럼은 특정주제에 관한 전문가나 자원인사의 공식적 발표가 있은 후에 이 주제와 관련하여 일반토론회 참석자들의 질의 응답과 의견개진, 논평이 계속되기 때문에 일반적인 공식토론형보다 체계적이고 논리 정연한 주제토론이 가능하다.

⑥ 소집단 원탁토론(Small Group Round Table Discussion)

원탁토론은 보통 5~20명 정도의 토론자가 원탁형의 탁자에 둘러앉아 주어진 주제에 대하여 사회자의 진행에 따라 자유롭게 토의하는 양식을 의미한다. 즉, 소집단 원탁토론기법은 토론모임의 구성단위가 5~20명 정도의 소집단이라는 점과 모든 구성원이 상호 대등한 토론회 구성원의 자격으로 참여하여 원탁에서 직접 대면하여 정해진 주제에 대해 자유로이 서로의 아이디어를 교환하는 모임이다.

그러나 집단 원탁토의는 몇 사람이 모여 자유롭게 산발적인 대화를 주고받는 비조직적인 집단 자유토론의 형태와는 다르다. 소집단 원탁토의는 논의될 주제가 미리 선정되어 있고 그것에 관해 의미 있는 토론을 하게 된다는 점에서 완전히 자유롭게 비공식적인 성격의 집단토론과는 차이가 난다.

소집단 원탁토론기법은 전체 참여자가 모두 토론의 구성과 과정에 직접적으로 참여하며 그 결과에 대한 책임 또한 균등하게 공유한다는 점에서 매우 민주적인 토론

방법이다.

원탁토론은 평생교육기관에서 최근에 많이 활용되고 있는 평생교육기법의 하나로서 매우 효과적인 교육방법중의 하나이다. 이와 같은 평생교육기법은 여러 가지 측면에서 다른 평생교육방법과는 독특한 특성을 지니고 있는데 그 내용을 제시하면 다음과 같다.

첫째, 토론참여자 학습의욕을 충족시킬 수 있다. 원탁토론은 집단의 규모가 작고 그 형식이 자유로우며 전체구성원의 대등한 공동참여와 토론에 대한 책임의 공유를 전제로 하므로 모든 토론 참여자의 학습욕구 충족에 적합한 학습효과를 기대할 수 있다.

둘째, 집단전체의 학습효과를 증진시킬 수 있다. 원탁토론은 주로 소집단으로 구성되기 때문에 이 집단구성원은 대부분 토론에 참여할 기회를 가지게 되기 때문에 집단 구성원 상호간의 학습동기를 자극시킬 수 있어 집단 에너지를 극대화시킬 수 있다.

셋째, 구성원들의 집단 소속감을 강하게 느끼게 된다. 원탁토론 구성원들은 상호자극적이고 협조적인 토론으로 인해 상대방을 기능적으로 이해할 수 있는 기회가 부여되기 때문에 구성원들간의 협조관계가 원만하게 나타날 수 있게 한다.

넷째, 주어진 문제를 확실히 파악하여 이를 해결하는데 적극적이다. 원탁토론은 구성원 상호간의 협력적 관계를 통해 이루어지기 때문에 주어진 문제에 대해 적극적으로 대처하려는 노력을 기울이게 된다. 즉, 다른 토론처럼 토론자가 너무 많은 경우에는 서로간의 책임회피성 때문에 문제인식을 소홀히 할 수도 있겠지만 원탁토론은 소수인에 의해 전개되는 평생교육방법이기 때문에 주어진 문제에 대하여 책임감을 공유하게 됨으로써 문제해결에 적극적이게 된다.

다섯째, 원탁토론은 민주의식을 함양시킬 수 있는 기회를 제공한다. 원탁토론 구성원들은 다른 구성원의 토론에 대하여 긍정적으로 존중하고 비판할 수 있는 기회를 가지게 되기 때문에 상대방에 대한 의식을 많이 가져야만 협력적으로 전개될 수 있다. 그러므로 이러한 과정에 의하여 원탁토론 구성원들은 민주적 학습을 경험하게 된다.

⑦ 분과토론(Huddle Group, Buzz Group)

분과토론이란 한 모임에 많은 사람이 참여하였을 경우 많은 사람들의 아이디어를 모두 수렴하기가 곤란하므로 몇 개의 분과로 나누어 그 분과에서 토론된 내용을 전체 모임에서 각 분과의 대표자가 대신 발표하여 전체토론의 중지를 모아 가는 토론 형태이다.

즉, 분과토론이란 활발한 토의진행을 위해 모든 구성원이 다함께 토의에 직접 참여하기 어려운 대집단을 약 5~12명 정도의 소집단으로 나누어 분과형태의 토론을 진행하게 하는 것이다. 최종적으로 전체집단이 다 함께 모여 각 분과 소집단들의 토론결과를 결집시켜 정리 및 결론에 이르게 함으로써 대집단 종합토론의 성과를 얻게 된다.

소집단 분과토론은 허들그룹 또는 버즈그룹의 기법으로 전개되는데 이 두 가지는 거의 같은 방법으로 이용되고 있기 때문에 여기에 분과토론이란 개념으로 동시에 소개하고자 한다.

분과토론은 대규모 토론모임에 참석한 사람들 모두가 토론에 참여하기가 어려우므로 이것을 몇 개의 분과로 나누어 토론하게 함으로써 모든 참여자가 학습기회를 가지게 되어 학습효과를 증대시키게 되는데 여기에는 몇 가지 특징이 있다.

첫째, 모든 구성원의 토론참여를 가능하게 한다. 분과토론은 대규모 집단을 소집단으로 나눔으로써 대집단 토론시 참여가 불가능한 전체 구성원을 토론에 직접 참여시킬 수 있게 된다. 따라서 집단 구성원 모두가 토론주제 또는 학습주제에 참여하여 직접적인 학습성과를 얻게 된다.

둘째, 토의를 심층적으로 할 수 있다. 소집단 분과 토론은 대주제가 여러 개의 소주제로 분류되어 진행되기 때문에 소주제에 대한 토의를 참여자 모두의 발언으로 심도있게 진행될 수 있게 한다.

셋째, 전체토의 결론을 용이하게 이끌어 낼 수 있다. 분과토론을 통해 나타난 결론을 전체 토의에 제시함으로 인해 대집단의 결론을 내리는데 매우 효과적이게 된다. 따라서 대집단 구성원 전체의 집단 역동을 통한 참여의식과 공동체 의식을 제고시킬 수 있으며 동시에 분과별의 결집을 통해 전체의 의견을 신속한 방식으로 얻어낼 수 있게 된다.

넷째, 민주적인 학습방법을 익히게 된다. 대규모 토론회는 일정한 규칙과 제한으로 인해 매우 공식적 토론이 이루어지는데 비해 이것은 몇 개의 분과로 나누어 토론하게 되며 적은 인원으로 구성되기 때문에 토론분위기가 자유롭고 부드러우며 참여자의 자발적인 참여를 유도할 수 있게되어 학습자의 민주의식을 함양시킬 수 있게된다.

다섯째, 일부 토론자의 독단을 방지하여 전체 토론목표를 쉽게 달성할 수 있다.

분과 토론은 대규모 토론에서 자주 일어나는 일부 토론자의 토론독점을 방지할 수 있게 된다. 따라서 참여자 모두의 토론참여를 통해 전체 집단목표를 용이하게 달성할 수 있다. 즉, 다양한 배경과 지식, 견해를 보유한 집단 구성원 전체의 생각이 폭넓게 표출, 수렴되는 기회를 갖게 됨으로써 제기된 사안에 대한 최선의 해결대안 탐색 가능성이 높아짐은 물론 개인의 전체 집단과정에의 참여가 최대한 독려, 조장되고 개인의 학습욕구 충족과 집단의 목적성취가 동시에 이루어질 수 있다.

3. 기타 평생교육방법의 유형

평생교육방법은 대상, 내용, 장소 및 기타 관련변인에 따라 여러 가지 형태로 적용되는데 그 적용 형태가 일정하게 정해져 있는 것은 아니다. 그러므로 앞에서 제시한 여러 가지 평생교육법 유형도 일정하게 제시되고 있으나 실제의 적용상에는 그대로 적용되지 않고 응용되어 나타나든가 아니면 다른 평생교육방법과 혼용되어 적용되기도 하기 때문에 평생교육방법적용을 획일화시킬 수는 없다. 뿐만 아니라 최근에는 기존의 평생교육법을 약간씩 변용하거나 독특한 새로운 기법으로 평생교육을 전개하는 유형이 개발되어 여러 분야에서 효과적으로 적용되고 있다. 여기서는 이러한 분야의 평생교육방법을 몇 가지 소개하고자 한다. 그러나 여기에 제시된 평생교육방법이 앞에서 제기한 방법과 동떨어진 방법이 아니고 상호 보완적이거나 혼용적으로 쓰여지는 경우가 많기 때문에 독립적 성격으로만 보아서는 안된다.

1) 브레인스토밍(Brainstorming)

(1) 브레인스토밍의 개념

브레인스토밍이란, 집단의 구성원들이 어떤 문제나 요청에 대하여 집중적으로 적당한 해결방안을 모색하기 위하여 스스로의 두뇌를 쓰도록 하는 집단사고의 한 방법이다. 이 방법은 보통 12～15명 정도의 집단에서 이용되는데 브레인은 본래 두뇌를 스톰은 폭풍(우), 격정, 급습, 소동 등을 의미하는 데서 출발한다.

참여자들은 일정 시간동안 어떤 문제에 대해 떠오르는 모든 생각을 기록하고 이러한 생각에 대해 어떤 판단을 내리지 말도록 요청 받는다.

브레인스토밍은 한 집단 내에서의 자유롭고도 제한 없는 의견 또는 대안의 교환인데 한 의견이 다른 의견을 불러일으키는 암시의 역할을 하게 되고 이러한 것들이 연속되어 개인적으로 도저히 생각하지도 못했던 기발한 아이디어들이 속출되게 하는 방법이다.

(2) 브레인스토밍의 특성

브레인스토밍의 평생교육방법은 매우 독특한 특성을 지니고 있는데 그 내용을 살펴보면 다음과 같다.

① 브레인스토밍의 토의방법은 비형식적이다.
참여자들은 아무런 제약조건 없이 자유롭게 자기의 생각을 발표함으로써 상대방을 의식하거나 상대방의 의견에 대하여 찬・반을 하지 않는다.

② 구성원들에게 어떤 제약을 가하지 않는다.
주어진 내용에 대하여 자유롭게 토론하게 함으로써 가능한 한 많은 내용이 나오도록 유도한다.

③ 안정된 분위기 속에서 마음놓고 아이디어와 의견을 교환함으로써 집단의 사기와 단결심을 높일 수 있다.

(3) 브레인스토밍의 이용

브레인스토밍은 다른 토의방법과 매우 다른 독특한 방법이기 때문에 이 방법을 이용하고자 하면 이에 따른 사전 분위기 조성과 그 조건이 어느 정도 맞아야 그 이용상의 가치를 향상시킬 수 있게 될 것이다.

그래서 여기서는 브레인스토밍 평생교육방법을 이용함으로써 좀더 바람직한 결과를 도출시킬 수 있는 관련내용을 제시하였다.

① 집단 구성원의 창의성을 최대한 보장하고 집단 구성원 상호간의 자극을 최대한으로 허용하고자 할 경우에 이용하면 효율적이다.

② 지금까지의 토론방법을 과감히 탈피하여 새로운 평생교육방법의 가능성의 최대한 발굴하려고 할 때 이 방법을 이용하면 효과적이다.

③ 구성원 각자의 독특한 사고를 형성하게 하고 나아가 전체구성원의 독특한 사고를 공통적으로 이끌어내고자 할 때 브레인스토밍을 이용하면 바람직하다.

④ 구성원들이 가지고 있는 주제관련 모든 아이디어를 수렴하고자 할 때 브레인스토밍을 이용하면 바람직하다.
⑤ 주제내용에 대하여 일정한 한계를 두지 않고 바람직한 의견으로 통합시키려 할 때 이 방법을 이용하면 바람직할 것이다.

2) 역할연기(Role Playing)

(1) 역할연기의 개념

역할연기란, 인간관계의 일반적 영역에서 어떤 상황이나 문제를 극화한 것으로 소집단원에게 개인별로 서로 다른 역할을 주고 어떤 가상적 상황에서 서로 협의하여 어떤 결정을 하게 함으로써 다른 역할을 맡은 사람들과 원만한 타협을 보도록 하는 기법이다.

역할연기는 성인교육에서 비교적 새로운 도구이지만 아동에게는 수세기에 걸쳐 사용되어 왔다. 이 기법이 성인교육에서 처음으로 사용된 것은 1900년대 초에 환자들의 정신건강을 회복시키기 위하여 정신병리학자들이 만들어낸 것일 것이다. 이 과정은 심리극으로 알려지기 시작했다.

심리극에서 가장 강조되는 것은 특정 개인의 문제이며, 그들 개인에게 맡겨진 역할은 개인직 특성에 대한 것들로 이는 오직 훈련된 치료자의 지도 아래서만 시도되어야 한다.

역할연기와 사회극은 흔히 동의어로 쓰여지는 바 사회극은 사람들과 개인들 또는 집단간의 상호작용을 다룬다.

(2) 역할연기의 특성

역할연기는 실제적인 상황에서 집단성원의 역할대행을 효율화하기 위하여 가상적인 상황을 설정해 놓고 짤막한 인간관계의 장면을 연출하는 기법으로서 연기자는 2명 이상으로 구성된다.

연기의 주제는 집단성원의 실제상황에 적용할 수 있는 것이 좋으며 연기내용을 구성하는 자료는 보통 연기자와 관찰자 및 그 밖의 집단성원으로부터 즉각적으로 얻어진다. 이때 자료가 역할내용에 적절한지 유의해서 고려해야 한다.

이와 같이 역할연기법은 다른 평생교육방법과는 매우 독특한 특성을 지니고 있는

데 그 특성을 제시해 보면 다음과 같다.

① 다른 토의기법보다 적극적인 참여를 마련한다.
② 집단성원간의 친근감을 증대시킬 수 있다.
③ 토의 운영에 있어서 융통성이 있고 연습이 가능하며 연습자체가 교육효과를 나타내기도 한다.
④ 문제에 대한 참여자의 흥미를 유발시킨다.
⑤ 역할연기자는 다른 사람으로 변장하여 자신의 감정이나 태도, 신념 등을 자유로이 표출함으로써 심리적 억압을 풀 수 있다.
⑥ 역할연기는 시간을 요한다. 촌극과 그에 뒤따르는 적절한 집단토의를 위한 충분한 시간적 여유가 없이는 시도하지 않아야 하며, 1회의 모임에서 강연, 역할연기, 연시, 토론 등을 병행한다는 것은 지나친 것이다.
⑦ 역할연기는 목표달성을 위한 하나의 방법으로서가 아니라 그것이 결론을 내리는 종결에 의미한다면 매우 비효과적인 방법이 될 수도 있다.
⑧ 일반적으로 효과적인 역할연기 장면은 짧다.
장면이 오래 걸리게 되면 비효과적인 방법으로 되어 버리기 때문에 실연장면은 적절한 때 끝내도록 해야 한다.
⑨ 분담된 역할 몫이 부적격자가 배역을 받았을 때는 비효과적이 되거나 아예 없는 것보다 더 못할 수도 있다.
⑩ 역할연기는 답이 하나밖에 없을 경우엔 효과가 없다.

(3) 역할연기의 이용

역할연기의 평생교육방법도 다른 평생교육방법과 마찬가지로 그 장·단점을 지니고 있기 때문에 이러한 방법을 적용하려 할 때에는 여러 가지 상황을 고려해야만 소기의 목적을 효과적으로 달성할 수 있으리라 생각된다. 그래서 여기서는 역할연기법이 이용되면 보다 효과적이라 여겨지는 상황 또는 조건을 제시하여 그 이용가치를 좀더 확인하고자 한다.

일반적으로 역할연기법을 이용할 경우 보다 효과적인 경우를 제시하면 다음과 같다.

① 집단구성원들이 자신의 감정이나 의견 등을 표현하기를 꺼려할 때 이용하면

효과적이다.

② 집단의 역할연기자들간의 관계가 원만하고 의사소통 기술이 좋을 때 이용하면 효과적이다.

③ 집단구성원들간의 감정을 완화시킬 필요가 있을 때 이용하면 효과적인 방법이 된다.

④ 집단구성원들간의 평가가 매우 생산적으로 나타날 때 이용하면 효과적인 방법이 된다.

⑤ 집단구성원들 특히 역할연기자들이 집단 앞에서 자신을 노출하는데 거리낌이 별로 없을 때 이용하면 효과적인 방법이 된다.

3) 감수성 훈련(Sensitivity training)

(1) 감수성 훈련의 개념

감수성 훈련이란 집단과정에 의하여 인간의 심성을 바꾸어 주는 평생교육방법으로 가장 많이 쓰이는 유형이다. 감수성 훈련은 20~30여명의 소집단원에게 서로 감정을 소통시킬 수 있는 분위기를 조성해 주고 그 상황에서 어떻게 처신하고 행동하는지를 살피면서 자기 스스로를 반성하고 객관적인 입장에서 자기를 평가하게 하여 무엇인가를 깨닫고 고치도록 결심케 히면서 생활에 적응하도록 훈련시키는 일종의 임상심리치료의 방법이다.

감수성이란 심리적인 자극이나 자극변화에 대한 감각의 반응정도를 말한다. 감수성 훈련을 받는 집단원 중에는 감수성이 예민한 사람이 있고 둔한 사람이 있다. 그런데 감수성 훈련을 여러 가지 상황에 대하여 노골적으로 감정을 표현하는 것만으로 이해해서는 안될 것이다.

감수성 훈련은 인간관계 훈련의 하나인데 여기에는 사교회, 스포츠, 레크레이션, 극기훈련 및 봉사직업 등 여러 가지가 있다.

감수성 훈련은 원래 인종적 편견을 없애기 위하여 미국에서 실시하였던 것인데 최근에는 우리나라에서도 교육계, 산업계 및 종교계 등에서 활발하게 실시되고 있다. 감수성 훈련은 상대방의 기분을 정확하게 읽는 수련이며 상대방이 표현하는 언어를 정확하게 이해하는 훈련이라 할 수 있다.

(2) 감수성 훈련의 특성

감수성 훈련은 집단 구성원간의 협력증진과 상호이해를 증진시키기 위하여 각종 평생교육프로그램에 도입되는 평생교육의 한가지 방법으로서 다음과 같은 특성을 지니고 있다.

① 감수성 훈련을 위해서는 10~15명 정도의 소집단이 형성되어야 하는데 이것은 모든 회원이 충분히 의견교환을 할 수 있는 조건을 만들기 위해서이다.
② 감수성 훈련에 참가하는 사람들의 특성은 될 수 있는 한 이질적인 성향을 지니고 있어야 그 훈련의 효과가 증대한다.
③ 감수성 훈련집단의 화제는 일정하게 정해져 있지 않아야 하며 그 계획도 꽉 짜여져 있지 않아야 한다.
④ 감수성 훈련이 진행되면서 참여자의 감정표현이 자유롭게 될 수 있도록 보장해 주어야 한다.
⑤ 감수성 훈련은 대개 1주일 내지 2주일동안 집중적이고 지속적으로 이루어져야 한다.
⑥ 감수성 훈련은 이것에 대한 전문적인 기술을 가진 훈련자가 필요하다.

4) 연시방법(Demonstrative Method)

(1) 연시방법의 개념

연시방법이란 어떤 새로운 정보 또는 기술을 적용하는 과정을 피교육자가 직접 관찰해 봄으로써 그것에 대한 새로운 가치를 믿게 하고, 새로운 기술을 적용할 수 있는 능력을 길러서 새로운 기술을 채택하는 방법이다.

연시방법은 평생교육방법 중에서 가장 실증적으로 그 과정 및 결과를 피교육자가 직접 보고 평가하는 방법이기 때문에 연시방법이 평생교육방법에서 적절하게 사용하면 매우 효과적인 교육효과를 증진시키게 될 것이다.

(2) 연시방법의 이용

연시방법은 적절하게 선정되고 활용된다면 훌륭한 효과를 나타낼 수 있다. 그러나 그것은 보편적인 평생교육방법이 아니기 때문에 모든 평생교육상황에 사용되기는 어렵고 일반적으로 새로운 기술을 실천할 때, 어떤 일을 하는데 있어서 새롭고 개선된 방법의 수용탐색 등에 있어서 가장 성공적으로 채택된다.

평생교육에 있어서 연시방법의 장・단점을 제시해 보면 다음과 같다.

① 첫째,

— 연시는 사람들의 눈을 끈다. 즉, 재미가 있다.
— 연시는 쉽게 이해될 수 있는 방법이다. 즉, 공허하고 무의미하지 않게 무엇이든 명백히 한다.
— 의혹을 지닌 피교육자들에게 스스로 그렇게 할 수 있음을 확신하게 한다.
— 연시는 실천에 따른 이론교육을 가능케 하며 지식의 실제적 적용을 실제로 보여준다.
— 연시는 실평에 따른 이론교육을 가능케 하며 지식의 실제적 적용을 실제로 보여준다.
— 지역적 수준에서의 특성을 제시하게 된다.

② 둘째,

— 좋은 연시를 제공하는데는 상당한 기량의 소유자가 요구되는데 훌륭한 연시자를 발견하기 어렵다.
— 연시방법은 일부 교육상황에서만 가능한데 어떤 교육자는 굳이 연시방법을 채택하려 하는데 문제가 발생하는 때도 있다.
— 학습방법상 결과형에 속하는 연시는 상당한 시간과 경비가 소모된다.

5) 현장견학

(1) 현장견학의 개념

현장견학이란, 한 집단이 특별한 목적으로 일정한 장소를 방문하여 일이 진행되고 있는 현장을 직접 목격하여 배우고 확인하는 행동을 말한다. 현장견학의 근본 취지는 실제 있는 그대로의 상태에서 일어나는 활동・기술 등을 관찰하는데 있다. 현장견학의 평생교육방법은 생생하고 실제적인 경험을 얻을 수 있을 뿐만 아니라 피교육자들에게 흥미를 유발시켜서 생활과 관련을 맺는 교육을 할 수 있다.

(2) 현장견학의 특성

현장견학은 교육자가 피교육자에게 교육시키기가 곤란한 문제나 교육효과를 더욱 증대시키려 할 때 주로 사용하는 평생교육방법으로서 다음과 같은 특성을 지니고 있다.

① 현장견학은 새로운 경험과 정보획득의 기회를 마련해 준다.
② 현장견학은 배우려 하는 대상을 있는 그대로 볼 수 있다.
③ 입체적, 자연색 그대로 또는 움직임이 있는 그대로 살펴볼 수 있다.
④ 피교육자의 흥미와 관찰력을 자극시킬 수 있다.
⑤ 피교육자로 하여금 행함으로써 배우는 기회를 가지도록 한다.
⑥ 피교육자들이 배운 그대로 이용할 수 있게 한다.
⑦ 교실이나 정규 모임 장소에서는 찾기 어려운 구체적이고 실제적인 요소를 제공할 수 있다.
⑧ 피교육자들이 말로는 이해하기 곤란한 문제를 직접 관찰을 통해 이해할 수 있게 된다.
⑨ 현장견학이 적절하게만 수행된다면 참여자들간의 협동적인 사업을 해낼 수 있다.

6) 시청각 교육방법

(1) 시청각 교육의 의의

「시청각교육」이란 용어는 영국의 Audio-Visual Education 혹은 Instruction의 번역어로서 우리나라에서는 6 · 25 사변을 전후로 사용되기 시작하였다.

시청각 교육이 자리잡게 된 가까운 이론은 전통적 교육방법인 교과서 위주의 이른바 언어주의에 대한 비판을 한데서 출발되어 오늘날 평생교육에서 많이 이용되고 있다. 그것은 종래와 같이 단순히 글과 말만을 갖고 교육을 하면 피교육자들은 학습에 대한 흥미를 상실하게 된다.

시청각 교육은 이러한 경험적 사실을 지적하면서 비서정적 또는 비언어적인 수단을 활용하여 피교육자들에게 풍부한, 구체적 경험을 주어야 한다고 주장하였다.

영국의 시청각 교육학자 Edgar Dale박사가 시청각 자료는 「의미를 전달하는데 있어서 주로 읽기에 의존하지 않는 것들」이라고 규정한 것도 바로 이러한 생각에서였다. 이에 따라 시청각 교육은 언어적인 추상적 경험에 대하여 비언어적인 구체적 경험을 주기 위한 방법으로 이해되고 실천되기에 이르렀고, 그 이론은 추상과 구체라는 개념을 중심으로 전개되었다.

이러한 이론에서 시청각 교육의 의미를 생각하면 「쓰여진, 그리고 인쇄된 언어 이외의 보다 구체적인 시청각 교재나 교구를 가지고 사람의 감각기관에 호소함으로써 학습의 성과를 더욱 능률적으로 거두려는 교육방법」이라고 할 수 있을 것이다. 이러한 의미를 좀더 구체적이고 세분화시켜 설명하면 다음과 같다.

① 학습지도의 능률화에 있다.
현실적이고 구체적이며 경험적인 감각수단을 이용하여 교육활동에 있어서의 능률화를 꾀하는 것이 시청각 교육의 중요한 의미이다. 결국은 교육상의 전달수단으로서의 새롭게 근대화된 그리고 과학화된 시청각 교재를 종합적으로 활용하고 아울러 과학기술에 관심을 높이는 동시에 창의적으로 이것을 사용함으로써 보다 많은 학습효과를 거두자는 것이다.

② 고도로 발달된 사회의 복잡한 사항을 정리하여 습득하는데 유리하다.

③ 현대생활에서 떼어버릴 수 없는 "매스 커뮤니케이션"속에서 정당한 것을 파악하는 능력을 갖게 한다는 점이다.
따라서 매스 커뮤니케이션에 휩쓸려 들어가지 않고 그 원리, 법칙을 완전히 이해하여 유목적적으로 주체적인 사용을 꾀할 수 있다.

④ 학습장소에 대한 고립성을 타파하게 된다.
본래 학교는 그 자체가 교육전문기관이기는 하나 너무나 판에 박힌 형태를 고정화함으로써 그 곳에서 얻은 지식이나 기능, 그리고 태도는 자연히 제약되고 제한된 범위 속에서 파묻혀서 탄력성 있는 구체적 생활 속에 유기적인 경험으로 이끌어내는 데는 도움이 안될 경우가 있다.
학교와 교외와는 동떨어져 연관성을 갖기 어려운 측면에서 교외의 자유로운 상태에서 상호 교류되어 산 경험을 할 수 있는 시청각 교육은 평생교육에서도 틀에 박힌 교육장소에 대한 고정관념을 타파할 수 있게 될 것이다.

⑤ 교육의 근대화를 촉진시키게 된다.
좁은 교실에서 이루어지는 평생교육에 참여한 피교육자를 수용하고 지도하려는 교육내용이 지나치게 복잡하여 교육자와 피교육자간의 접촉의 기회가 적어지고 개인적, 주관적 생활 적응문제가 전혀 무시되고 마는 측면을 시청각 교육으로 부드러운 환경과 공통된 경험을 피교육자들에게 공급해 줄 수 있다.

생활 지도적 측면에서는 피교육자의 일상생활의 기본적 행동양식을 이해시키며 몸에 배이게 하고, 개성의 신장 및 생활태도의 확립으로 사회에 대한 판단능력을 향상시킨다.

⑥ 피교육자로 하여금 자주적 활동을 자극시켜 자주적 활동을 조장시킬 수 있게 된다.

시청각 교육에 의하여 각자 연구하고 제작하여 각자 표현하려는 의욕을 북돋고, 따라서 자주적 활동을 조장시켜 나갈 수 있다.

7) 연설식 방법

(1) 연설의 개념

웹스터(Daniel Webster 1772～1852)는, 「내 개인적 자질 중에서 어떤 하나만을 꼭 택해야 된다고 하면 나는 서슴치 않고 연설의 힘을 취하겠다」라고 하였다.

웹스터는 연설로서 한때 대통령 못지않은 위력을 지니고 정치가의 큰 긍지를 가졌었다. 요컨대 연설이란 사회생활을 하는 평등한 만인간의 생활기술인 것이다.

연설이란 한마디로 말해 <사상의 구두 전달>(Oral Communication of Ideas)이라고 정의할 수 있다.

그런고로 연설은 반듯이 <말>이라는 매개물이 사용되어야 하며, 행동이나 표정이나 글만으로써 의사를 전하는 것은 연설이라 할 수 없다.

오늘날 연설은, 종래의 개념으로부터 탈피하여 <이야기>라는 개념으로 취급되어 오고 있다. 연설하는 연사중심이 아니라 청중중심에 역점을 두고 있기 때문이다. 그러므로 연설 그 자체는 어디까지나 의사전달의 과정이므로 상호적 의사전달(Two way Process Communication)에 기점을 두게 된다.

(2) 연설의 종류

① 낭독식 연설

연설자가 연설할 내용을 미리 원고로 작성하여 이것을 읽는데 그치는 연설 형식을 낭독식 연설이라고 한다. 이 연설형식은 청중을 전혀 고려할 수 없기 때문에 융통성 있는 연설이 되지 못한다.

다만 중대한 연설로서 문구 하나하나 커다란 파문을 일으킬 만한 신중한 연설을 할 때에는 미리 충분히 검토하여 연설을 할 수 있기 때문에 그런 경우에 채택될 만한 연설형식이다.

② 암송식 연설

미리 준비한 연설내용을 연설자가 암기하여 연설하는 것을 암송식 연설이라고 한다.

대개 중·고등학교 학생들이 웅변대회에서 하는 양상이 바로 이 암송식 연설의 형식이다. 이것은 낭독식 연설이 가지는 성격과 비슷하며 다만 연설도중에 암기한 내용을 잊으면 다시 회상하기 어려워서 실패하기 쉽다.

그뿐 아니라 연설 도중에 암기한 내용을 잊기 않고 그에 급급하게 되어 청중에 대한 반응을 고려할 수 없고, 연사가 취하는 제스처나 태도 등 모두가 꾸며진 형식을 탈피할 수 없으므로 어색한 연설이 될 수도 있다.

따라서 여러 가지 연설형식 중에서 이 암송식 연설형식은 별로 권할 수 없는 단점이 많은 형식이다.

③ 즉흥식 연설

즉흥식 연설은 연설자가 연설 준비를 하지 못한 경우 연단에 임하여 생각나는 대로 즉흥적으로 연설을 하는 것이다. 따라서 즉흥연설을 하는 사람은 대개가 연설을 잘 한다고 자신을 갖는 사람이 사전 준비없는 연설을 하게 되는데 청중의 반응에 가장 신속히 적응할 수 있는 융통성 있는 연설로서 특이한 장점이 있다.

경험이 적은 연설자는 상당한 준비를 한 연설일지라도 연단에 서면 기억을 할 수 없어 잊어버리게 되는데, 오히려 최소한 연단의 공포심이 적은 경험 있는 연설자는 보통 연설을 하는 중에 준비하지 않았던 새로운 <아이디어>가 떠오르게 되는데, 즉흥 연설을 하는 연설자는 반드시 하여야 할 연설을 하는 것이 아니라 지엽적인 문제를 상세히 다루는 등 횡설수설하게 되어 소기의 성과를 거두지 못하게 될 가능성이 크다.

이와 같이 즉흥식 연설이 가지는 단점 역시 치명적이다.

④ 요점식 연설

요점식 연설은 낭독식 연설의 장점과 즉흥식 연설의 단점을 종합한 가장 효과적인 연설형식이다.

요점식 연설은 미리 준비한 연설내용의 요점을 미리 외우거나 간단히 적고, 특히 하고 싶은 예문이나 통계숫자 등 잊어버리기 쉬운 내용을 요약해서 그것을 가지고 연설을 하는 것이다. 그러므로 간단한 메모를 가지고 연설을 하게 되므로 청중의 반응에 융통성이 있으면서 소기의 성과를 달성할 수 있는 효과적인 연설이 될 수가 있다.

흔히 연설의 요점을 작성하게 되면, 자연히 연설 전반에 대한 사전 준비의 과정을 반드시 거치게 되므로, 완전히 작성해 놓은 원고나 다름없을 것이다. 그러므로 이상에서 다룬 네 가지 연설형식 중에서 우리들은 가장 이상적인 형식인 요점식 연설에 대한 연구를 할 필요가 있다.

우리가 흔히 말하는 <브리이핑>(Briefing)도 이 요점식 연설의 형식임을 부언해 둔다.

8) 면담식 방법

(1) 면담식 방법의 의의

우리는 지금까지 강의식 및 토론식과 같은 여러 가지 교수방법에 관하여 학습하였다. 이러한 교육방법들은 대부분 한 명의 교육자만이 강당 내에서 요구되고 있으며, 실제로 한 명의 교육자로도 충분한 학습성과를 얻을 수 있다. 그러나 이제부터 소개하고자 하는 <면담식 방법>(Teaching Interview)은 반드시 두 명의 교육자가 필요하다. 한 사람의 교육자는 직접적으로 학과를 담당하고 있는 교육자이며, 또 한 사람은 학과내용과 밀접한 관계를 가지고 있는 전문가(Expert)로서 특별히 초청되어 온 사람이다. 이 두 사람이 상호협조에 의하여 질문을 통해서 요망되는 학습결과를 달성하고자 하는 것이 면담식 평생교육방법이다. 바로 이 점이 다른 평생교육방법과 다른 점이다.

대화는 우리 일상생활의 주요한 일부로서 이루어지고 있다. 둘 이상의 사람들이 각자가 소유하고 있는 지식, 경험 또는 의견 등을 서로 교환함으로써 대화가 성립된다. 그런데 면담 즉, 인터뷰(Interview)는 특정한 목표에 목적을 두고 대화를 조절해 나가는 특수한 형태인 것이다. 이러한 대화는 인터뷰를 주관하는 면담자(Interviewer)에 따라서 대화의 내용이 다양하게 변할 수 있다.

흔히 TV나 Radio에서 볼 수 있는 인터뷰 또는 토론회 등에서 사회자는 대개 어떤 목적을 가지고 그 목적에 도달하도록 대화를 이끌어 나간다. 또한 그는 대화 중에 시청자들의 이해를 돕기 위하여 적절한 질문이나 해설을 해주기도 한다. 그리고 사회자와 이야기를 나누는 피면담자는 어떤 분야의 특정한 지식이나, 기술・경험 등을 가지고 있기 때문에 그 분야에 있어서는 다른 사람보다 나은 전문가라고 할 수 있다.

이와 같이 사회자, 피면담자, 시청자의 관계를 학습에 도입한 것이 <면담식 방법>인 것이다. 보다 구체적으로 설명한다면 앞에서 예를 든 내용 중에서 사회자는 학과를 담당하는 교육자가 되고, 피면담자는 학과와 관계된 분야의 전문가가 되며, 그리고 시청자들은 학과교육을 받는 학습자들에 비교되는 것이다.

여기서 교육자의 역할은 면밀한 학습계획을 세운 다음 학과내용에 일치하는 전문가를 선택하여, 그가 소지하고 있는 정확한 지식, 사실적이고 가치있는 경험, 또는 기타 학과에 유익하다고 생각되는 것을 전문가로부터 끌어내서 학습성과를 높이는 것이다. 한편 학습자들은 전문가와 교육자 사이에 진행되고 있는 면담식 학과내용을 적극적으로 경청함으로써 새로운 지식을 배우게 되는 것이다. 이처럼 면담식 방법은 학생들의 교육을 위하여 계획된 학습성과를 만족시키는데 적합한 자격과 경험을 가진 사람을 효과적으로 이용하자는 것이다.

(2) 면담식 방법의 활용

어떻게 보면 면담식 학습은 인류사상 최초의 학생이 최초의 질문을 최초의 선생에게 던져올 때, 그 질문에 답변을 해줌으로써 하나의 교육적인 기술로 탄생되었다고 생각된다. 그러나 면담식의 학습이 실제적인 교육방법으로 형식화된 것은 철학자들의 일방적인 강의식 교육방법에 대신하는 교사와 학생간의 대화식 교육으로 <소크라테스>가 처음 시작했을 때부터라고 볼 수 있다. 이 <소크라테스>식 대화법은 직관적인 지식을 보유하고 있는 여러 사람이 각자가 질문하는 기술을 통하여 지식의 상호교환이 이루어질 수 있다는 것을 전제로 하고 있다. 여기에 참가하는 학습자는 그가 모르고 있던 지식을 대화를 통하여 이해함으로써 배우게 되는 것이다. 현재도 이 대화법은 경영관리, 지휘통솔 및 집단역학의 원리를 발전시키는데 사용하고 있으며, 또한 이것은 회의와 토론 학습법의 기초를 이루고 있다. 이와 같이 교육방법의 하나로서 Teaching Interview는 <소크라테스>식의 대화법이 그 근원이 되고 있다.

면담식 방법은 계획된 학습성과를 얻기 위한 하나의 가치있는 방법으로서 교육자에게 제공되고 있다. 또한 면담식 방법은 어떤 특정 문제분야에 대하여 교육자의 부족한 경험과 지식을 보완해 주는데 사용된다. 그 문제분야의 과목이 매우 전문적이거나 광범위할 때, 외부로부터 역량 있는 전문가(Expert)를 교육의 장으로 끌어들여 부족한 지식의 공백을 보충하는데 이용할 수 있다. 실제로 구미 선진국에서는 초등학교 평생교육에 그 지역사회의 특수 전문직에 종사하는 전문가들(소방관, 경찰관, 은행가)을 직접 초청하여 면담식 교육방법으로 성공하고 있으며, 일반 관리분야에서는 회의토론 지도에 경험을 가진 전문가와 인터뷰를 함으로써 효과를 얻고 있다.

면담식 방법은 교과과정을 새롭고 풍성하게 한다. 항상 똑같은 교육자에 의하여 가르쳐 지고 있는 교육의 장에 전문가 또는 권위자가 나타남으로써 새로운 활력을 불어넣어 주는 경향이 있다. 다시 말하면 교육자가 항상 강의식으로만 가르치다가 면담식 방법으로 변경함으로써 학습에 변화를 줄 수 있다. 이 기술적인 변화는 학습의 성과를 저하시키는 단조로운 형식을 탈피하는데 도움을 준다.

면담식 방법은 한가지 동기부여의 방법으로도 쓸 수 있다. 학과교육의 한 과정으로 소개함으로써 학습자들의 흥미를 유발시킨다. 예를 들면 최근에 월남전선으로부터 실전의 경험을 쌓고 귀환한 용사를 대공산 게릴라전에 대한 학과의 일환으로 초청할 수도 있으며, 응급 처치법에 관한 학과에 외과 군의관이나 위생 하사관을 소개함으로써 보다 효과적인 학습성과를 얻을 수 있는 것이다. 이외에도 면담식 방법은 문제해결에 관한 학습활동에도 사용할 수 있다. 교육자는 주어진 문제를 해결하기 위하여 어떤 특정 학습분야의 전문가와 인터뷰를 함으로써, 그 인터뷰하는 과정에서 문제에 대한 해결의 실마리를 학습자들에게 제공해 줄 수 있기 때문이다.

9) 문제해결식 방법

(1) 문제해결식 방법의 의의

실로 우리는 교육적인 입장에서 이러한 문제 상황을 학습환경에 도입함으로써, 학습자들에게 보다 현실적이며 실제적인 학습효과를 거둘 수 있는 것이다. 다시 말해서 학습자들이 아무리 많은 지식을 교육자로부터 습득했다 하더라도, 실제 생활면에 적응시킬 능력이 결여되어 있다면 참다운 산지식이라고는 할 수 없는 것이다. 문제해결 방법을 배웠다면 그와 비슷한 문제가 발생했더라도 그러한 방법을 효과적으로 해결할 수 있는 학습전이의 능력이 향상되어야 한다.

위에서 언급한 문제해결이란 하나의 목적에 도달하는 과정에 가로놓여 있는 장애를 제거 극복하여 목표점에 도달하기 위한 것이다. 따라서 문제 해결식 교수법이란 것도 문제해결 과정에 있어서의 어떤 동기와 욕구를 가진 “사람”과 그 욕구 대상으로서의 "목표"(Goal)사이에 가로놓여진 "장애"의 부분을 기술적으로 이용한 교수방법인 것이다.

즉, 교육자는 사전에 학습자들이 도달해야 할 학습성과를 문제상황으로 바꾸어 학습자들 스스로에 의한 해결을 시도함으로써 소기의 성과를 기하게 되는 것이다. 따라서 교육자는 이러한 목적달성을 위하여 문제해결 과정에 있어서의 장애의 학습성과를 은폐해 두어서 학습자들이 상호 토론을 통하여 이러한 장애를 극복하게 되면 자연적으로 교육자가 의도한 소기의 학습성과를 달성하게 되는 것이다. 이 학습성과가 학습자들에게 가르쳐야 할 학습성과로서의 원리 원칙이라 하겠다.

즉, 교육자가 학습자들에게 가르치고자 하는 학습 내용상의 어떤 원리 원칙에 위배되어 있거나 혹은 전혀 도외시되어 있는 것과 같은 문제 상황(사실과 조건)을 사전에 교묘하게 설정하여 이를 학습자들에게 제시하면, 이들은 집단 토론을 통해서 문제상황을 분석, 검토하여 해결안을 탐색케 하는 과정에 있어서 교육자가 노리는 학습 성과를 찾아내는 것이다. 물론 이러한 경우 해결안이 올바로 되기 위하여서는 학습자들이 바람직한 원리 원칙을 적용하거나 응용함으로써 소기의 학습성과가 달성되는 것이다.

이리하여 교육자의 직접적인 강의나 혹은 유도적인 질문을 통하지 않고 교육자에 의해서 사전에 작성된 문제상황(이를 <사실과 조건>이라 함)에서 학습자 집단의 토론 과정을 거쳐 문제해결이란 목표에 도달함으로써 소기의 학습성과가 성취되는 것이다.

요컨대 문제 해결식 방법이란 것은 학습자들이 집단토론을 통해서 교육자로부터 미리 주어진 문제상황(사실과 조건)을 분석 검토하여 여기에 어떤 원리원칙을 적용하여 집단 스스로가 문제해결을 위한 방안을 발견 제시함으로써 소기의 학습성과에 도달하게 하는 교육방법인 것이다.

(2) 문제 해결 방법의 특성

① 학습의 전이(Transfer of Learning)

일반적으로는 학습과정에 있어서 학생들로 하여금 심사숙고케 하는 능력과 기술을 증진한다는 일은 매우 중요한 일이다. 학습자들이 교실에서 배운 상당한 문제를 이해하고 있다하더라도 이것을 자기자신이 해결하지 않으면 안될 현실적인 문제상황에 전이시킬 수 있는 능력(응용력)이 없다면 아무런 가치를 찾을 수 없는 것이다. 교실에서 학습한 것을 현실적인 문제 상황에 결부시킬 수 있는 능력을 <학습전

이>(Transfer of Learning)라고 한다. 학습전이는 학습자들이 이전에 경험한 것을 토대로 동일한 종류의 새로운 환경에 대하여 신속하고 보다 효과적으로 적응하는 능력을 의미하는 것이다.

따라서 교육자는 학습한 바를 현실적 환경에 전이시킬 수 있는 능력을 학습자 스스로가 개발토록 도와줄 책임이 있다.

이러한 전이 능력을 강화하는 방법은 중요한 관계사항을 문제해결 환경으로 조직하는 일이다. 해결을 요하는 현실적 문제는 모든 정상적 인간의 생활 과정에 있어서 매우 중요한 위치를 차지하고 있는 것이다. 따라서 해결해야 할 문제를 학습환경에 도입하는 것은 학습자들의 학습경험을 보다 현실적이고 실제적인 것으로 만든다. 이와 같은 문제해결을 위한 접근방법은 또한 반성적 사고(Reflective Thinking)를 자극하고 나아가서 학습전이를 조작하는 것이다.

② 의지의 개재(열의있는 반응 : Emotional Involvement)

<문제>라는 것은 문제해결자가 목표에 도달하기 위하여 극복하지 않으면 안될 장애물을 먼저 제거하지 않고서는 성취할 수 없다는 현실적 필요를 갖게 하는 상황(situation)인 것이다. 따라서 목표에 도달하기 위해서 장애물을 극복하지 않으면 안될 경우에는 언제든지 문제는 존재하는 것이다. 그 반면에 만일 목표에 도달하는 방법이 명확하고 직선적이라면 문제는 존재하지 않는다.

만일 장애물이 개인과 개인의 목적물의 중간에 존재하고 나아가서는 그 장애물이 자동적으로나 혹은 친숙성 있는 반응에 의하여 제거되거나 극복되지 않는다면 문제해결의 첫 단계가 시작되는 것이다.

일반적으로 학습은 학습자들이 학습될 내용에 대해서 의지(열의)적인 반응을 보일 때 가장 효과적이다. 학습내용에 대한 열의있는 반응은 학습자들로 하여금 학습성과에 대하여 진심으로 관심을 갖게 하는 것이다. 이렇게 함으로써 학습내용의 기억과 영구보존은 학습경험이 학습자들의 의지를 자극하는 경우에 비로서 증가하는 것이다.

학습자들의 열의에 자극을 주는 확실한 방법은 학습자들이 해결할 필요성을 느끼는 문제에 대하여 학습자를 직면케 하는 일이다. 학습을 장려하기를 원하는 교육자는 학습자들에게 실망하지 말고 학습자들에게 도전한 만큼의 충분히 곤란한 장애를 제공함으로써 얻어질 수 있다. 따라서 문제는 학습자들이 그들의 경험과 사고를 장애물 극복의 가장 좋은 길을 선택하도록 조직케 할 수 있는 동기를 부여해야 한다.

③ 문제해결(방법)법 활용상의 융통성(Flexibility in using the problem Discussion)

문제해결식 교육방법은 여러 가지 형태로 활용될 수 있다. 사실 창의력 있는 교육자는 이 방법을 활용함에 있어서 현명한 방법을 모색할 수 있을 것이다.

문제해결의 토론이 활용되는 경우에 학습자의 목적은 어떠한 사실과 조건이 불만스러운 환경을 발생케 하므로 현재 존재하는 문제를 해결하게 된다. 이 문제를 해결하는데 있어서 학습자들은 아마 무의식 중에 교육자가 문제상황을 계획하는데 있어서 주의하였던 제원칙을 적용할 것이다.

다시 말하면 사전에 가상적인 문제상황을 전개하는데 있어서 교육자는 가상적인 문제상황을 목적에 대한 수단으로서 계획하는 것이다. 학습자들의 목적은 자기 자신을 위하여 문제를 해결하는데 있지만 교육자의 목적은 일층 광범위한 것이다. 교육자의 목적은 학습자들에 의해 선택된 수 개의 원리원칙의 적용을 이해한다는 것을 보장하는 일이다. 문제에 관련된 제반 사실 및 조건과 문제 자체 나아가서는 토론 사항은 교육자가 자기의 학습목적을 달성하기 위하여 사용하는 유일한 도구인 것이다.

예를 들면 어떤 교육자가 자기가 제시한 조직원리를 학습자들이 철저히 이해하기를 원할 것이다. 교육자는 강의하는 동안에 어느 정도까지 이해에 도달하고 있는가를 알게 된다. 그러나 그는 학습자들의 이해가 만족할 만하다는 것을 확인하기를 원하고 이를 확인하기 위하여 문제해결식 방법을 사용할 수 있다. 이 원리에 대한 학생들의 이해 정도를 확인하기 위하여 교육자는 학습자들로 하여금 조직원리에 위배된 문제점을 토론케 할 수 있다. 만일 학습자 집단이 전반적으로 조직원리의 원칙을 인식하거나 혹은 문제 해결을 위한 창안을 제공한다면 교육자는 자기가 교육하기 위하여 노력했던 것을 학습자들도 습득하고 있다는 것을 상상할 수 있을 것이다. 그러나 만일 학습자들이 조직원리에 대한 위장된 문제점을 인식하는데 실패하고 나아가서 원리 원칙을 시정하는 건전한 방안을 모색하지 못했다면 그들은 아마 추가 학습을 필요로 하게 될 것이다.

요컨대 교육자는 학습자들이 알고 있는 어떤 원리 원칙의 적용력을 기르기 위해 문제상황(사실과 조건)을 하나의 수단으로 사용하고 있으며 또한 그들의 이해도와 그 적용력을 측정하기 위해서도 이를 활용한다.

또한 문제해결식 방법은 학습자들의 학습에 대한 인상을 강화하기 위하여 실제 상황에서 볼 수 없는 있을 법한 가공적 상황을 임의로 설정함으로써 단기간 내에 많은 오류점의 시정을 기할 수 있게 한다.

10) 프로그램 방법

(1) 프로그램 방법의 개념

교육철학의 발전에 따라 교육 또는 학습 그 자체의 개념도 바꾸어졌으며, 학습과정을 연구해 나가는데 있어 교육방법도 많은 발전을 기하였다. 종래의 교육자 중심의 주입식 교육을 지양하는 다채로운 형태로 전개되어 나가는 가운데 비교적 근래에 발전된 교육방법의 하나가 프로그램 학습이다. 미 공군대학 학술교관 과정에서 채택하고 있는 교육방법을 살펴보면 강의식 시범실습식, 유도 토론식, 문제해결토론, 패널(Pannel)토의 및 극적 효과를 노리는 스키트(Skit)와 시청각 교육이 아울러 중요시되고 있다.

“Learning by doing”이라는 실천주의 교육철학의 명제에서 학습의 주체는 어디까지나 학습자 자신들이며, 교육자는 단순히 자기의 경험이나 지식을 전달하는데 그치는 것이 아니라, 학습자측에서 어떤 학습의 결과가 행동의 변화로서 기대되어야 한다는 것이다. 한편 오늘날 교육인구의 격증은 물론, 문화 또는 과학 기술의 급속한 발전은 교육의 계속성과 대량 생산의 형태가 요망되고 있다.

특히 군과 같은 특수사회에서는 나날이 변화, 발전되는 군사교리에 수반되는 과학병기의 전환에 따라 다수의 인원에 대한 계속적 교육이 전쟁시를 막론하고 커다란 과제로 되어 있다. 또 하나 특이한 점은 모든 병원은 실무에 종사를 하며, 교육을 병행하여야 한다는 점과 최소한의 어느 수준까지는 교육의 정도가 동등하게 유지되어야 한다는 것이다.

그러나 각 병원은 경험의 배경이 다르고 능력상의 개인차가 개재되므로 이러한 점을 극복하기 위해 이상적 교육방법으로서 교육의 오토메이션(자동화)을 생각할 수 있는 것이다.

인간은 규격화된 기계와는 달리 하나의 인격체이기 때문에 완전 자동화는 물론 상상 밖의 일이지만, 정도의 차이는 있어도 한번 고찰해 볼 가치는 있다고 생각된다. 수공업 상태에서 <오토메이션>화 과정은 막대한 기술과 자본 및 시간이 요구되나 일단 시설이 완성되면, 노동력, 생산원가, 생산시간에 반비례하여 생산의 완전규격화 및 대량생산이 가능해질 수 있다. 교육의 자동화도 학습자의 학습전 운영자측의 준비과정에는 여러 가지 난관이 있다. 효과적인 학습성과를 확대하기 위해 제반학습의 원리, 기타 교수 기술을 동원하여 치밀한 학습계획을 수립, 학습자를 철저히 인도하여 규격화되고 대량생산의 형식을 채택한 것이 최초의 <프로그램학습>이다. 프로그램 학습은 1926년 오하이오(Ohio) 주립대학의 프레시<Pressy>교수가 창안한 티칭 머쉰(Teaching Machine)이 계기가 되어 1950년도 미국 교육계에서 연구개발이 활발하여 졌으며, 미 공군도 10여년간의 연구 실험단계를 지나 비로서 <프로그램 학습>에 관한 정책을 결정하고 실제 응용 단계로 전환하였다.

국내 교육계에서도 단편적으로 이 방법에 관한 연구 검토가 이루어지고 있으나 완전 실용화 단계에까지는 아직 거리감이 있다.

프로그램 학습이(Programmed Learning), Programmed Instruction 또는 Programmed Teaching 등으로 표현되는 것은 프로그램 학습 시스템의 일부분을 표시한다. 전반적 학습 시스템은 효과적인 학습성과를 획득하기 위해 활용되는 모든 교육기술, 교육장비, 교육매개물을 포괄적으로 뜻하는 프로그램 학습이라면 어떤 교육활동의 일부분 교육방법만을 뜻하는 것은 아니다.

프로그램 자체는 전달자, 매개물, 교재 및 교수 기술까지도 전부 망라하여 포함되어 있는 것이다. 좀더 구체적으로 부언하자면 사용 가능한 모든 교수법과 교육수단을 활용하여 모든 학습활동이 서식(Document of Design)에 의거 공학적 적용(Engineered Application)으로 계획되고 통제되는 일체의 활동을 의미하는 것이다.

(2) 프로그램 학습의 장점

프로그램의 원리를 전 교과과정에 적용하게 된 것은 비교적 최근에 이루어졌지만, 10여년 전 프로그램 형식을 취한 중·고등학생용 영어단어 암기용 카드집이 나온 적이 있다. 소형 카드 전면에는 영문단어가 기재되어 있고 후면에는 국문 해석이 되어 있어 포켓에 넣고 다니며 학습하도록 되어 있던 것이다. 또한 플라스틱으로 된 적은 궤짝에 두루마리로 된 문제집을 넣어 손잡이를 돌리면 전면 창구에 문제가 나오고 좀더 돌리면 문제는 넘어가고 동일한 창구에 답이 제시되게 한 것인데 이는 앞서 말한 Teaching machine의 원리를 응용한 것이었다. 말하자면 트랜지스터 학습이라고 명명할 수 있는 것이다. 이와 같이 프로그램 학습은 교육자와 교실이 있는 곳에 학습자들이 모여드는 것이 아니라, 학습자들이 있는 곳에 교육자 및 교실이 따른다고 할 정도로 언제 어디서나 학습자 개인 단위로 학습을 할 수 있다는 것이 큰 이점이 된다.

또한 프로그램학습의 교육방법은 기타 방법과 비교하여 시간, 노력 및 경비에 반비례하여 학습 성과도가 높다. 같은 양의 내용을 프로그램 학습에 의하면 ½~⅓ 시간으로 마스터할 수 있다는 것이 경험적 통계에 의해 증명되고 있다. 버지니아주 Reanoke 초등학교에서 수학 일년 과정을 1일 50분간 기타 과외공부 없이 6개월에

마스터하였으며, Kodak 필름 회사에서는 감독자에 대한 심리학을 재래식 교육방법을 실시한 그룹보다 프로그램 학습을 한 그룹이 2배의 기억력을 유지하였다 한다.

또한 IBM회사는 자료정리 과정을 교육하는데 재래식 교육방법으로는 15시간에 걸쳐 평균 86.2%의 성적을 나타내는데 비해, 프로그램에 의한 학습으로는 동일한 내용에 대해 11시간에 걸쳐 완료하여 평균 95.1%의 성적을 갖는 결과를 보았다 한다. 현재 미 공군이 실험에 의해서 얻은 결론은 학습성과의 10% 증가, 시간의 30% 절약을 최저기준으로 잡고 있다. 또한 프로그램학습은 자습 방법이기 때문에 많은 학생을 일시에 소수의 교육자로서도 교육시킬 수 있고, 어떤 경우 교육자는 학습활동에 전혀 참여를 않음으로써 연구활동과 특별히 필요로 하는 학습자들에게 개인지도를 하게 된다. 교육 운영자의 입장에서는 교육자의 다수 확보, 교육시설, 유지 등의 난 문제에 봉착하지 않게 된다. 아울러 생각할 수 있는 것은 정규과정을 설치할 필요가 없기 때문에(물론 정규과정의 일부 교과내용을 프로그램화하는 경우가 허다하지만) 생산 업무와 교육의 병행 실시가 가능하여 인력관리, 생산관리 등에 효율성을 높일 수 있다.

생산 공장이나 군대의 경우 교육요원 차출은 큰 문제점의 하나로 되어 있으며, 공원이나 병원들도 여기 저기 쫓아다니며 교육만 받다 보면 막대한 업무의 과중은 물론 실무 부서를 이탈하여야 하므로 사기 저하의 초래와 실제 업무 또는 생산 업무 등이 소홀히 되는 경향을 지양할 수 있는 것이다.

전장에서 열거한 제반 학습원리 및 조건들이 적용되어 있으므로 잘 만들어진 프로그램은 포괄적이며 정착된 교육의 질을 보장해 주는 반면 여하히 프로그램을 잘 작성하느냐 하는 것이 이 학습의 커다란 문제점이 되어 있다.

강의를 위한 교안 작성과 같이 비교적 간단히 이루어지는 것이 아니며 학습원리 및 학습심리를 잘 아는 심리학자, 학과내용에 정통한 전문가, 프로그램 작성의 경험이 풍부한 사람들이 공동으로 많은 시간의 작업을 하여야 한다.

경험자들에 의하면 한시간 학습용의 완전한 프로그램을 내놓기 위해서는 150시간의 작업량이 소요된다고 한다. 이런 관점에서 프로그램을 전문적으로 작성하여 주는 전문기관이 미국에는 많이 설치되어 있어 사용처의 요구에 응하고 있다. 참고로 프로그램의 질적 판단을 위한 기준을 간략히 열거하여 보면 다음과 같다.

① 학습목적이 뚜렷이 결정되어 있어야 한다.
② Frame을 작성하기 전 프로그램에 포함될 전 내용이 완전히 계획되어 있어야 한다.

③ Frame은 불필요한 내용이나 어구가 내포되지 말아야 한다.
④ Frame은 "반응의 틀"이 일어나지 않도록 작성되어야 한다.
⑤ 홍미를 위해 다양한 Frame형식을 활용하여야 한다.
⑥ 실례가 자유로이 구사되어야 한다.
⑦ 발생 실시 이전에 반드시 사전 경험, 평가되어 수정된 것이라야 한다.

전개 요령상 재래식 교육방법과의 근본적인 차이점은 주제내용이 학습자 각자가 학습하는 프로그램에 전부 포함되어 있고, 그 자체가 전달자의 역할까지 담당하고 있는 점이다. 재래식 교육방법에 있어서는 교육자가 전달자이고 그의 말 또는 기타 교재들이 학습 매개물이 되어 교육자의 전달기술 또는 전개 요령에 따라 학습성과가 좌우되었다. 더구나 이런 관계 하에서는 교육자와 학습자간의 의사소통이 언어 개념상의 차이와 표현기술의 빈약성 때문에 단절이 되기 쉬웠고, 학습자측의 주의 집중의 결여로 동일한 현상이 일어나게 된다.

또한 전달자가 주문내용과는 하등 관계가 없는 내용을 말한다거나, 같은 학습집단 성원들이 토론에 참여하여 그릇된 개념의 제시 또는 무책임한 발언을 할 때 여기에 현혹됨으로써 일층 학습의 정착화를 이룰 수 없게 되는 것이다.

그러나 프로그램 학습에서는 치밀하게 계획된 프로그램과 학습자간에 부단한 커뮤니케이션이 이루어지며, 일단 단절되거나 학습 궤도에서 이탈하였다 하여도 즉시 원상복귀가 가능하기 때문에 반복 재강화에 따른 학습의 정착화가 이루어지는 것이다.

한가지 문제점으로 고려해 볼만한 것은 인상의 강화에 따른 권위와 기억력의 정도에 관한 것인데, 상대성 원리에 대해 직접 아인슈타인 박사로부터 강의를 받았다 하면, 프로그램에 의한 학습과 비교하여 어느 쪽이 좀더 기억 재생에 효과적일 것이냐 하는 문제이다. 프로그램은 단지, 반복을 통해서 이해와 기억의 지속성을 기하려는 것으로 이 문제는 좀더 검토해 볼 여지가 있다고 볼 수 있다. 여기서 명백히 해두고 싶은 점은 <프로그램 학습>도 역시 여러 교육방법과 병용해 나갈 한가지 수단에 불과하며, 전 교과과정을 프로그램화할 수 없는 한계점을 가지고 있다.

11) 상담식 방법

(1) 상담방법의 중요성

현대사회의 특징이라고 할 수 있는 물질문명의 범람 속에서 살고 있는 이 시대의 사람들은 과거 어느 시대보다도 물질의 풍요함을 향유하고 있으나 정신적으로는 가장 빈곤한 자아상실의 위기에 직면하고 있다. 군중 속에서 고독감과 소외감을 느끼며 불안과 갈등 속에서 살아가야 하는 사람들, 그들을 불안하게 하는 것은 확실히 현대사회의 급속한 변화에 그 원인이 있을 것이다.

오늘날 사람들이 직면하고 있는 문제는 실로 다양하다. 그 가운데서 대표적인 문제들로서는 직업문제, 건강문제, 자녀교육문제, 노후생활문제, 인간관계문제들이 있을 것이다. 이제는 사람들의 여가 생활 문제까지도 하나의 사회문제로 대두되고 있는 실정이다. 그러나 현실적으로 대부분의 상담시설은 학교에 집중되어져 있으며 일반인들을 위해서 봉사하는 상담자나 기관은 극히 드물다.

일반인에 대한 상담의 대다수는 정신과 의사나 심리학자에 의해 개인적으로 행해지고 있으며 근년에 이르러서는 부부간의 적응에 관한 분야의 상담소나 조언기관이 차츰 생기기 시작하였고 이러한 봉사기관들은 비단 부부간의 적응문제뿐만 아니라 건강문제 상담과 법률적 조언 등 여러 가지를 동시에 취급하고 있다. 미국이나 유럽의 여러 나라에서는 이미 오래전부터 상담을 통해 인간문제를 치료하는 활동이 직업화되고 있는 정도이다. 그러나 우리나라에서는 최근에 이르러 상담의 필요성을 인식하기 시작한 것으로 보인다.

상담이 반드시 문제가 있는 사람이나 정신적 결함을 가진 사람들에게만 필요한 것은 아니다. 상담은 지극히 정상적인 사람들에게도 필요한 것이다. 보통사람이 보통생활을 하기 위해서 상담은 필요하다.

그러나 평생교육의 대상이 되는 사람은 일반적으로 이미 아동이 아니다.

성인은 자기 자신에 대한 상담을 할 수 있어야 한다. 성인 상담이 의도하는 것 중의 하나가 바로 성숙한 성인을 기대하는 것이다. 성숙한 성인이란 어른다운 어른을 가르키는 말이다. 세상의 모든 문제는 결국 문제를 갖고 있는 각 개인들의 손에서 풀려지고 해결될 수 밖에 없다. 그래서 상담은 도와 주는 것이지 해결하는 수단은 아닌 것이다.

성인문제를 다루는 성인상담도 그 기본적인 방법은 일반적인 상담의 과정에서 벗어나는 것이 아니다. 특히 부부간의 문제와 같은 것은 효과적으로 치료하기 위해서는 여러번의 면접이 필요하다. 따라서 성인 문제에 관심을 두고 있는 평생교육은 상담방법을 통해서 보다 분석적으로 문제를 해결해 나갈 수 있으리라 본다.

(2) 상담의 개념

상담은 단순한 대화가 아니다. 또한 전문적인 지식과 정보를 필요로 하는 사람에게 조언을 하는 것을 상담이라고 할 수도 없다. 최근에 이르러 학교나 기업체 등에서 상담이라는 용어를 비교적 광범위하게 사용하고 있다. 그러나 대개의 경우 상담의 본질을 이해하지 못하고 있거나 그릇된 개념으로 파악하고 있는 실정이다. 따라서 여기서는 상담에 대한 개념을 분명히 파악하고 이에 관련된 이론을 제시하였다.

상담의 개념을 어떻게 정의하느냐 하는 것은 그렇게 쉬운 문제가 아니다. 상담이론에 따라 상담을 규정하는 개념이 다르기 때문이다. 이론에 따라서는 상담과 심리치료를 동의어로 사용하기도 하고 상담의 대상과 범위를 제한하지도 않는다.

그러나 일반적으로는 상담의 개념을 다음과 같이 정의하는데 대해서는 별다른 이의가 없는 것으로 보인다. 「상담은 도움을 필요로 하는 사람과 도움을 줄 수 있는 사람 사이의 개별적인 관계를 통하여 새로운 학습이 이루어지는 과정이다」 이 정의는 지나치게 포괄적이기 때문에 상담의 특수성을 명백히 하지 못한다는 제한점이 있다. 그러나 상담의 일반적인 목표와 의미를 제시함에 있어서는 충분하다.

상담의 정의에서 몇 가지 내포되어 있는 의미를 지적한다면, 무엇보다도 상담은 「도움을 필요로 하는 사람」을 대상으로 한다. 이 경우 도움을 자진해서 청해 오는 대상만을 의미하는 것은 아니다. 또한 상담의 대상을 놓고 의견이 엇갈리는 것도 사실이다. 일반적으로 타인의 도움을 필요로 하는 문제는 다음과 같이 연결성을 이루는 것으로 상정할 수 있다.

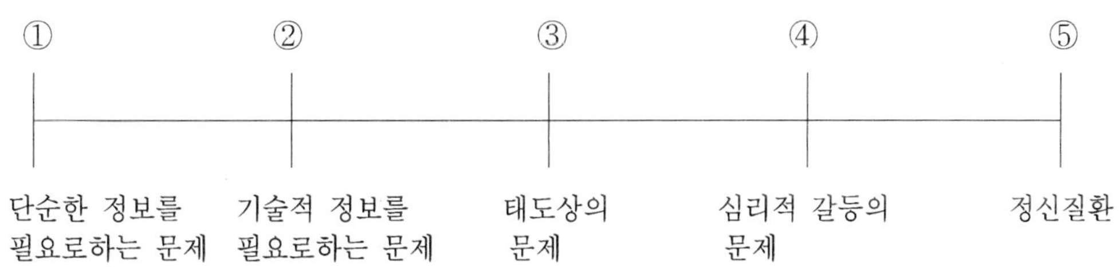

한쪽 극단은 간단한 정보의 제공을 요구하는 경우이고 다른쪽의 극단은 정신치료를 요하는 성질의 문제이다. 이 경우 ①과 ②의 도움을 주는 것을 조언(advice)이라 하며, ⑤의 문제를 다루는 것을 심리치료라 할 수 있을 것이다. 따라서 상담은 태도상의 문제와 심리적 갈등의 문제에 대하여 새로운 학습을 하도록 도움을 주는 과정이라고 할 수 있다. 이 점에서 상담과 조언, 그리고 상담과 심리치료의 구분점을 찾을 수 있다. 일반적으로 상담은 정상적인 사람을 대상으로 한다는 것이 강조되고 있는 것도 이러한 관점에서이다.

(3) 상담자의 자질

상담의 성공적인 수행을 위하여 상담자에게는 특수한 자질이 요구되고 그에게는 내담자에 대해서 뿐만 아니라 대사회적인 전문적・개인적 책임이 뒤따르게 된다. 또 상담자에게는 응당 지켜야 할 윤리강령이 있다.

상담자의 자질을 인간적인 자질과 전문적인 자질로 구분하여 생각할 수 있다. 인간적인 자질이란 내담자와의 진정한 인간관계 형성과 내담자에게 영향을 미칠 수 있는 인간적 특징을 의미하며 전문적 자질은 내담자의 이해와 상담과정을 효과적으로 진행시키는데 필요한 학문적 지식과 기법에 관련된 자질을 말한다.

상담자에게는 어떤 인간적 자질이 요구되는가? 먼저 상담자에게 요청되는 인간적 자질을 생각해 보기로 한다. 상담자의 인간적 자질이 중요하다는 점을 밝혀낸 연구결과는 많으나 특정한 인간적 형태를 찾기는 어렵다. 모러(Mowrer)는 상담자에게 요구되는 가장 중요한 인간적 자질로 「인간적 성숙」을 강조하고 있으나 현재로서는 그와 같은 자질을 신빙성있게 정할 만한 방법이 없다는 점을 인정하고 있다. 로오저스(C. Rogers)도 이 문제에 관하여 다음과 같이 말하고 있다. "한 개인이 명석하고 센스가 있으며 도움을 주려는 의욕만 가지고 있다면 현재와 같은 무지의 상황에서는 상담자로서 적격하다고 하지 않을 수 없다." 그러나 비록 그 측정이 어렵다 하더라도 다음과 같은 몇 가지 자질에 대하여 많은 사람이 합의된 의견을 제시하고 있다.

① 자아의식

상담이론가만이 아니라 많은 성공적인 상담자들이 명확한 자아의식이 중요하다는 점을 강조하고 있다. 「나는 누구이며, 어떤 사람인가?」라는 자문에 대하여 명백한 자답을 할 수 있는 자질이 요구된다는 것이다. 말하자면 정체의식이 확립되어 심리적으로 성숙하고 자신이 하고 있는 일에 대한 확신이 있는 방향의식이 정립된 사람이어야 한다는 관점이다.

이와 같은 심리적 성숙은 상담자로 하여금 자신이 지금 하고 있는 일에 대한 확신을 가지게 하며 내담자에게는 뚜렷한 한 인간의 이미지를 제시해 주는 구실을 한다. 다른 사람의 정체의식이 확립을 돕기 위해서는 먼저 자신의 정체의식이 확립되어 있어야 한다는 것은 너무나 당연한 것이다.

자아의식과 관련하여 성공적인 상담자의 인간적 특징에 관한 연구결과에 밝혀진 것의 하나는 일반적으로 긍정적인 자아개념을 가지고 있다는 사실이다. 자신을 지나치게 비하하거나 과대시하지 않고 긍정적으로 자신을 생각하고 있다는 것이다.

② 원숙한 적응상태

상담자의 인간적 특징에 관한 일정한 유형은 발견되지 않으나 일반적인 적응상태가 비교적 원숙하다는 것은 여러 연구에서 지적되고 있다. 특히 아바클(Arbuckle)은 다면적인 성격검사(MMPI)에 의해서 성공적인 상담자들의 적응상태를 조사한 결과 비교집단에 비해서 의의있는 낮은 점수를 얻었으며 그것은 적응상태가 원만하다는 것을 말해주는 것이다.

이러한 일련의 연구결과가 보여 주고 있는 바와 같이 상담자의 인성적 자질로서 원숙한 적응상태가 요구된다는 것은 확실하다. 그것은 논리적으로 보아도 타당한 것이다. 상담자는 개별적 관계를 통하여 적응상의 문제해결에 도움을 주는 사람이기 때문에 먼저 자신의 적응상태가 원활하게 되어 있어야 한다는 것은 당연한 것이다. 상대자 자신이 적응상의 문제를 가지고 있으면 다른 사람의 적응을 도울 수는 없는 것이다. 정신 분석학에서는 정신치료의 자격을 얻기 위해서는 먼저 자신이 정신분석을 받을 것을 요구하고 있는데 그것은 바로 이런 관점에서 이다. 그러므로 상담자에게는 자신의 적응상태를 높이기 위한 계속적인 노력이 요청된다.

③ 인간문제에 대한 관심

상담자에게는 인간문제에 대한 관심이 있어야 한다. 인간문제 이전에 인간자체에 대한 관심도 필요하다. 상담은 사람을 대하는 전문적인 활동이기 때문에 인간과 인간문제에 대한 관심을 가질 수 없는 사람은 그 일을 성공적으로 수행할 수 없는 것이다.

상담자가 상담을 하는 과정을 관찰해 보면, 이 점을 쉽게 이해 할 수 있다. 타인의 개인적인 문제를 열심히 들어 주고 함께 생각하고 함께 느껴야 하는 과정은 인간문제에 대한 깊은 관심과 사회봉사적인 정신이 없는 한 수행하기 어려운 일임에 틀림없다. 흔히 사람들은 사무적인 일로 사람들을 만나면 피곤함을 느끼게 되는 경우가 많은데 개인의 심각한 문제를 함께 생각한다는 것은 그 이상의 피곤한 일이라고 할 수 있다.

상담자의 인간적 자질에 관한 여러 연구에서 공통적으로 인간에 대한 깊은 관심과 인내력을 제일 먼저 강조하고 있는 것은 바로 이 점을 지적하고 있는 것이다.

④ 감정의 통제

상담자도 인간이기 때문에 상담과정에서 억제하기 어려운 감정의 흥분을 느끼게 되는 경우가 허다하다. 이때 상담자에게는 냉정함을 유지할 수 있는 감정의 통제력이 필요하다. 만일 감정을 통제하지 못하고 흥분하거나 심한 정서적인 동요를 일으키게 되면 상담자로 하여금 자신의 문제를 냉정하게 통찰할 수 있는 분위기를 조성할 수는 없게 된다.

특히 상담과정에서 상담자는 내담자의 거부반응을 받게 되는 경우가 많은데 그것은 상담자의 감정을 흔들어 놓거나 흥분시키는 요인이 되기 쉽다. 그런 경우 마음을 차분히 가라 앉히고 태연하게 내담자를 대할 수 있어야만이 상담자로서의 자격을 구비하였다고 할 수 있다. 또한 여러 내담자를 대하다 보면 그 중에는 특히 마음에 드는 사람이 있는가 하면 왜 그런지 마음에 들지 않는 대상도 있을 수 있다. 이와 같은 사람에 대한 감정을 표현하지 않고 통제할 수 있어야만 제대로 상담이 진행될 수 있는 것이다.

⑤ 모델로서의 상담자

상담자는 자신이 원하건 원하지 않건 내담자에게 한 인간적인 모델로서 작용을 하게 된다는 것은 부인할 수 없는 일이다. 또한 사회심리학의 여러 연구결과에 의하면 사회적 적응행동이나 부적응행동이 모델을 통하여 학습된다는 증거는 확실하며 이와 같은 모델학습의 이론은 태도의 습득을 설명하는 이론으로서 상당한 지지를 받고 있다.

피상담자의 눈에 비춰지는 상담자의 이미지가 모델로서의 작용을 할 수 있어야만이 효과적인 상담을 할 수 있다는 것은 상식적인 문제이다. 권위가 있고 존경의 대상이 될 만한 이미지를 줄 수 있어야 한다는 것은 너무나 당연한 것이다. 뿐만 아니라 상담자의 사생활도 문제가 되는 경우가 많다. 상담자의 가정생활이 원만치 못하다는 것이 알려지거나 상담자의 자녀 중에 사회적인 문제를 일으키는 자녀가 있을 때에 내담자의 모델로서 긍정적인 영향을 미치기는 어렵게 된다.

상담은 상당한 정도의 전문적인 지식과 기술을 요하는 조력의 과정이다. 그러므로 상담자에게는 원숙한 인간적인 자질만 요구되는 것이 아니다. 상담을 수행하는데 필요한 학문적인 소양과 인간이해에 대한 기본적인 기술을 구비하고 있어야 한다.

Ⅶ 미래사회의 인간자원개발

지금까지 인간자원개발에 대해서 역사적 배경으로부터 인간자원개발과 생산성 문제까지 다양한 내용을 알아보았다. 이들 내용들을 통하여 우리는 인간자원이 어떤 조직이든 그 조직의 핵심적이고 중추적인 자원임을 알게 되었다.

다시 말해서 한 조직의 성패는 인간자원개발의 노력여하에 따라서 좌우된다는 것이다. 더욱이 미래사회는 더욱 복잡 다양한 양상을 띠면서 더 많은 지식과 기술을 요구하리라 예상된다. 이러한 변화는 사회에서 한 조직이 윈윈(win-win)할 수 있는 것은 창의력과 기술, 마케팅 전략, 그리고 튼튼한 조직구조일 것이다.

인간자원개발은 이들 요소들을 수용하면서 발전을 가져다줄 수 있는 대안이 될 수 있을 것이다. 따라서, 인간자원개발은 개인과 조직의 생존전략 차원에서 매우 중요하다. 이제, 인간자원개발은 단기간의 연수와 교육 뿐 아니라, 장기적인 측면에서 지속적인 학습을 할 수 있는 시스템과 프로세스를 만들어 주어야 하고, 조직의 지향방향과 조직의 목표달성을 위해서도 필요하다. 과거의 인간자원개발 전략으로는 미래를 대처할 수 없다. 앞으로는 보다 많은 위기에 대처할 수 있는 대응능력과 장기적인 측면의 선수능력(proactive ability)을 갖출 수 있는 인재개발이 필요하다.

이 장에서는 이러한 점을 감안하여 세계 및 국내 환경의 변화를 알아보고, 미래환경에 대처하는 방법과 인간자원개발의 전문화에 대하여 알아본다.

1. 세계 및 국내 환경의 변화

오늘날 세계는 정보화, 첨단과학의 시대라고들 한다. 과거에는 세계적으로 고속도로와 항만시설 등의 확충을 위하여 노력을 했다면, 지금은 전문적인 기술과 지식을 필요로 하는 정보기반 시설 구축을 추구하는 사대이다. 미래에는 더욱 전문화되고 고도의 기술에 의한 정보산업이 주류를 이룰 것이다.

국제간의 경쟁은 날로 심화되고 있다. 많은 세계의 기업은 다국적 기업화하여 규모를 확대하며 연구개발 및 마케팅 전략을 새롭게 변모시키고 있다. 이제는 무한경쟁시대라고 할 만큼 국내·외적으로 외국기업과 경쟁을 하여야 한다. 우리는 IMF를 거치면서 많은 기업들이 파산하거나 어려움을 겪는 것을 매체를 통하여 접하였다. 물론, 파산이나 어려움을 겪었던 기업들의 대부분은 경영주의 잘못된 경영전략에서 비롯된 점이 많았다. 하지만, 이를 통하여 우리는 미래지향적 경영전략이 부재한 기업은 세계화 시대에 더더욱 생존이 어렵다는 사실을 주지하였다.

이러한 측면에서 인간자원개발은 매우 중요하다. 이는 미래사회를 열어가고, 한 조직의 발전을 가져올 수 있는 핵심적인 역량이 된다. 국내·외 변화와 이에 대한 대처능력을 갖추기 위한 인간자원개발의 전략에 대한 설명은 <그림 Ⅶ. 1>에 나타나 있다.

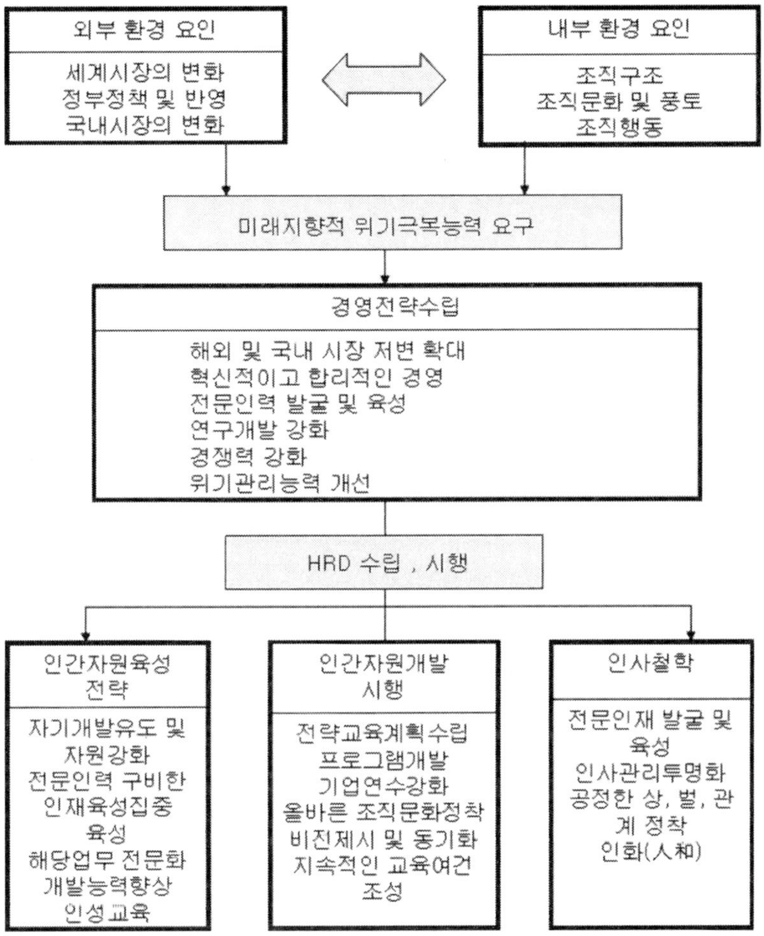

〈그림 Ⅶ. 1〉 HRD 전략

2. 거대한 시대적 조류에 부응한 적응

앞에서 살펴보았듯이, 우리는 지금 우리의 사회, 조직, 생활에 영향을 미치는 중요한 변혁의 시대에 살고 있다. 존 네이스 빗은 그의 베스트셀러 "메카트렌즈"에서 다음과 같은 10가지 조류를 설명하였다.

1) 산업사회에서 정보사회로
2) 강요된 기술에서 하이테크 및 하이터치로

3) 국가경제에서 세계경제로
4) 단기지향에서 장기지향으로
5) 집중화에서 분산화로(정치, 경제, 문화 방면의 변혁)
6) 제도적인 도움에서 자기도움으로
7) 대의(代議)에서 참여로(정치와 조직에서)
8) 조직계층구조에서 네트워킹(networking)으로(정보, 자원, 아이디어의 공유)
9) 북에서 남과 남서로 인구 및 활동의 변화
10) 단순하고 제한적인 선택에서 복합적인 선택으로

어떠한 조직이든 이러한 시대적 조류를 거역할 수 없다. 이제 조직은 이러한 열 가지 내용을 다시 한 번 생각하고 직면한 문제와 더불어 미래지향적인 설계를 하여야 한다. 이러한 열 가지의 대응능력을 존 네이스 빗은 <표 Ⅶ. 1>에서 설명하고 있다. 우리는 이러한 대처 능력을 통하여 인간자원개발이 얼마나 중요한지 재인식할 수 있고 이를 통하여 인간자원개발은 어떻게 이루어져야 하는지 생각해 볼 수 있다.

아래의 표에서 우리는 시대의 흐름에 따라 사회, 정부, 기업, 관리자, 조직구성원 등 다양한 계층과 구조에서 변화에 따라 대처할 수 있는 능력이 요구되고 있음을 알 수 있었다.

〈표 Ⅶ. 1〉 대처방안

시대의 흐름	대처방안
정보화에 토대를 둔 경제	- 커뮤니케이션 시스템이 목표달성을 용이하게 하고 조직을 환경과 관련짓게 함 - 외부환경에 대한 관찰 및 보편적인 데이터베이스 이용 - 정보수집 및 미래예측
하이테크/하이터치	- 시스템의 중요한 산출로 인간의 만족이 이루어짐 - 최고경영층이 하이테크, 하이터치에 적합한 분위기 조성 - 조직개발이 하이터치 행동과학을 이용하여 인간의 생산성 제고
세계경제	- 범세계적인 기회의 관찰 - 범세계적인 경제에서 일본, 유럽인들로부터 배울 수 있음
장기적 지향성	- 시스템에 접근하기 위해서는 장기적, 전략적 시각을 필요로 함 - 사회 경제적 목표, 임무 및 기업의 목표 결정에 있어 장기적인 지향성 필요 - 단기적인 목표는 장기적 목표와 일관성 유지 - 생애계획은 단기 및 장기적 개인 목표에 초점을 둘 필요가 있음 - 장기적 계획은 정부분야에서 필요 (기업은 기업에 부합한 장기계획 수립 필요)
분권화	- 목표설정 및 이에 의한 실적측정은 분권화를 용이하게 함 - 장기계획은 정부분야에서 필요 (기업은 기업에 부합한 장기계획 수립 필요)
자기의존과 자기보호	- 자기통제, 자기평가 요구됨 - 경력계획에 의거 조직구성원은 자신들의 삶을 관리 - 부하에 의한 목표설정은 자기의존과 자기통제를 촉진 - 자기평가는 자기지향과 자기개발의 기초
참여와 만주주의	- 조직관리자는 그들 자신의 목표를 설정하여야 함 - 아래에서 위로의 목표설정은 참여를 촉진 - 참여는 성인 대 성인 교류에 기초 - 시스템은 참여적 관리의 접근
네트워크 구조	- 실천계획은 계층구조에 역점을 두지 않는 작업과 활동의 통합 요구 - 목표의 네트워크는 네트워크 구조의 토대 제공
남쪽으로의 변천	- 전략계획은 "우리의 고객은 어디에?"라는 질문을 요함 - 전략적 관리는 인구통계학적 요소를 고려
다수선택이 있는 사회	- 요구자의 많은 목표가 통합될 필요성이 있음 - 부문별 목표의 다양성을 요구함

3. 미래지향적 인간자원개발

미래지향적 인간자원개발은 한 조직의 목표달성을 위하여 개인과 조직이 얼마나 효율적이고 능동적인 자세로 과업을 수행하느냐에 달려 있다. 그러기 위해서는 개인은 어떤 능력을 구비하고, 조직은 어떠한 구조와 역할을 수행하는 것이 바람직하겠는가에 초점이 맞추어져야 한다. 물론, 국내·외 변화요인에 대처할 수 있는 위기극복능력 또한 중요하다고 볼 수 있다.

한 조직이 나아가야 할 방향과 조직목표에 맞추어 과업수행을 위한 조직구성원의 기술과 기능을 구비할 수 있도록 도와주는 것은 인간자원개발 교육 부서이다.

인간자원개발 부서의 담당자들은 단순한 교육훈련 활동에만 종사하는 것이 아니라 조직의 변화를 위한 과정을 조장하고, 촉진시키는 변혁담당자의 역할을 수행하여야 한다.

또한, 인간자원개발 담당 부서의 실무자들은 올바른 조직문화와 조직구조를 형성하는데 있어 역할을 수행하여야 한다. 조직과 조직, 조직과 개인 대 개인 상호간에 바람직한 의사소통관계를 형성하는데 중간역할을 수행하고 건전한 사고와 조직관리, 리더로서의 행동을 할 수 있도록 개입될 필요가 있다는 것이다. 긍정적으로 이러한 조직의 기술과 기능은 국내·외 변화정세에 능동적으로 대처할 수 있는 역량을 발산시킬 것이다.

인간자원개발 교육담당 부서 실무자들은 이러한 점들을 고려하여 미래지향적 교육프로그램개발과 시행에 역할이 요구된다.

다음으로는, 인간자원개발 담당 부서는 조직구성원과 조직이 어떠한 능력을 구비하도록 교육전략을 세워야 하는지 살펴본다.

1) 조직구성원

(1) 기업가 정신을 갖춘 사람

한 경영조직에서는 최고 경영자만이 기업가 정신을 갖는 것이 아니다. 조직구성원 역시 기업가 정신을 가져야 한다. 기업가 정신은 헌신적인 노력을 통해서 발휘되고, 헌신적인 노력의 결과로 무엇인가를 성취하게 된다. 즉, 새로운 지식을 만들데 되는 것이다. 이러한 헌신적인 노력이 기반이 되어 핵심역량이 만들어진다. 결국 지식을 갖춘 조직구성원이 핵심 인력이 되고 조직의 헌신적인 노력이 결합되어 경쟁력을 창출하는 것이다. 도래하는 미래사회에서는 헌신적인 관리자와 조직구성원을 요구한다. 한 조직이 새로운 도약을 하기 위해서는 기업가 정신을 가진 조직구성원이 많이 양성될 때 가능하다.

따라서, 조직의 핵심역량 가운데 기업가 역량을 가진 사람이 포함된다.

(2) 평생학습을 하는 사람

미래사회는 정보를 어떤 과정 속에 넣고 학습을 적용하여 새로운 지식을 창출한다. 이러한 지식이 모여 거대한 지식저장고를 만들고 지식저장고가 밑바탕이 되어 한 조직이 유지·발전되는 것이다.

조직구성원은 조직의 핵심역량이다. 조직구성원이 학습능력을 갖추고 시대의 흐름에 따라 생명주기는 시간이 갈수록 단축이 되기 때문에 조직구성원은 평생학습자가 되어야 한다. 인간자원개발 담당부서는 조직의 관리자나 구성원에게 충분한 개별학습과 팀 학습의 기회를 제공하여야 한다. 그러나, 아직도 조직에 따라서는 관료적 풍토가 사라지지 않고 있어 조직구성원에게 충분한 개별 학습기회를 만들어 주지 못하고 있다. 대부분의 경우 강제적이고, 집단적으로 이루어지기 때문에 자율교육과 선택교육이 실시되지 않고 있다. 이러한 점을 인간자원개발 담당 부서에서는 고려하여야 한다.

(3) 창의성이 강한 사람

미래사회에서는 작업구도가 각 개인에게 주어지고 개별 작업자가 스스로 자기가 할 일은 결정하여야 한다. 그리고 그 결과에 대해서는 책임을 져야 한다. 조직구성원이 생산성을 높이기 위해서는 업무에 적합한 팀을 만들어야 하고 역할에 필요한 교육을 받아야 한다. 따라서, 이러한 결과의 밑바탕에는 각자가 창의성을 얼마나 발휘할 수 있느냐 하는 것이 중요하다. 유연성과 창의성은 조직구성원에게 요구되는 가장 핵심적인 내면자원이다. 조직구성원은 정보를 검색하고 기존지식 또는 정보를 가공 및 통합하여 새로운 지식을 창출하여야 하기 때문에 이러한 과정에서의 창의력이 발휘되어야 부가가치를 창출하여 생산성을 높일 수 있다.

(4) 비관료적인 사람

관료적인 사람은 미래에는 조직에서 부적합하다. 이러한 사람은 조직에서 관리자로서의 활동을 제한하여야 할 것이다. 관료조직이나 피라밋 조직의 관념을 가진 수직적 생각은 한 조직의 창의성, 유연성, 자율성, 책임성 등을 와해시킬 수 있다. 다시 말해서 관료적인 사람은 조직내에서 조직구성원의 특성을 발휘하기 어렵게 할 뿐 아니라 조직구성원의 지식 작업을 이해하지 못한다. 관료적인 사람은 의사소통의 단절을 초래할 수 있고 전문 지식인으로서의 활동이 어렵다. 비관료적인 사람만이 공정하고 정상적인 사고를 통하여 새로운 지식을 창출하거나 기존의 지식을 개량할 수 있다.

관료적인 사람은 대부분 학습 친화적이지 않다. 모든 일을 타인을 통하여 하려는 습관이 있어 자율적으로 학습하고 연구하는 습관이 부족하다. 따라서, 이러한 관료적인 사람은 교육 프로그램에 의해서 비관료적인 사람이 될 수 있도록 인간자원교육개발 담당부서의 노력이 필요하다.

(5) 의사소통능력을 갖춘 사람

의사소통이란 구술과 청취의 기술, 상담능력 등을 의미한다. 의사소통은 조직구성원 뿐 아니라 조직구조에서 필수적이다. 향후 사회에서는 타인과 효과적으로 일을 하기 위해서는 필요한 정보를 문서화하는 것 보다는 심속성이 요구되는 언어적 아이디어를 통하여 더 쉽게 얻어질 수 있기 때문이다.

문서화 된 자료는 언어상호작용 보다 시간이 지체된다. 이러한 점에서 향후 증대될 의사소통은 과업수행에 매우 중요한 역할을 담당할 것이다. 특히, 외국어 능력, 외국의 역사와 전통, 관습의 이해로 글로벌화 시대에 국가간의 경계 없이 의사소통이 용이해지고 이로 인하여 생산성이 증대될 것이다. 따라서, 교육 프로그램 설계시 이러한 측면을 충분히 고려하여야 한다.

2) 조직

(1) 올바른 조직문화 정착

미래사회에서 조직문화는 중요하다. 조직문화에 따라 구성원의 과업수행능력이 영향을 받기 때문이다. 올바른 조직문화는 조직의 과업수행과 문제해결에 있어 촉진제가 되고 변화하는 시대의 대응전략이 될 수 있다. 직원채용, 선발, 승진, 의사소통, 업무분장, 근무평가, 조직설계, 관리자의 사고, 학습체계 등 모든 조직환경이 투명하고 정상적으로 가동이 될 때, 각각의 구성원은 동기가 부여되고 목표달성의 욕구도 강화된다. 또한, 이러한 구조는 새로운 조직문화로의 변화를 요구받게 된다는 점을 고려하여야 한다.

(2) 조직의 재구조화 준비

교육 프로그램을 개발하여, 교육을 통한 미래 준비 전략 차원에서 조직의 변화에 부합한 제구조화 계획을 수립하여야 한다. 오늘날 조직에 있어서 모든 조직활동 및 구조가 그대로 방치되는 것은 있을 수 없는 일이다. 그러나, 조직이 재구조화를 피하기 위한 아무런 준비도 하지 않는다면 시간의 경과와 함께 표준화와 구조화의 정도가 심해지게 된다는 사실을 염두에 두어야 한다. 따라서, 새로운 시대의 변화에 부합한 준비가 이루어져야 한다. 집단 재구조화의 시도가 착수되고 진보해가는 과정은 <그림 Ⅶ. 2>에 나타나 있다.

이처럼 조직은 시대의 변화에 따라 구조변화를 요구 받는다. 변화과정이 합리적으로 일어나야 하고, 전략적 차원에서 점진적으로 준비하여 집단규범 및 구조의 동요나 반응을 최소화함으로써 인화를 이루어야 한다.

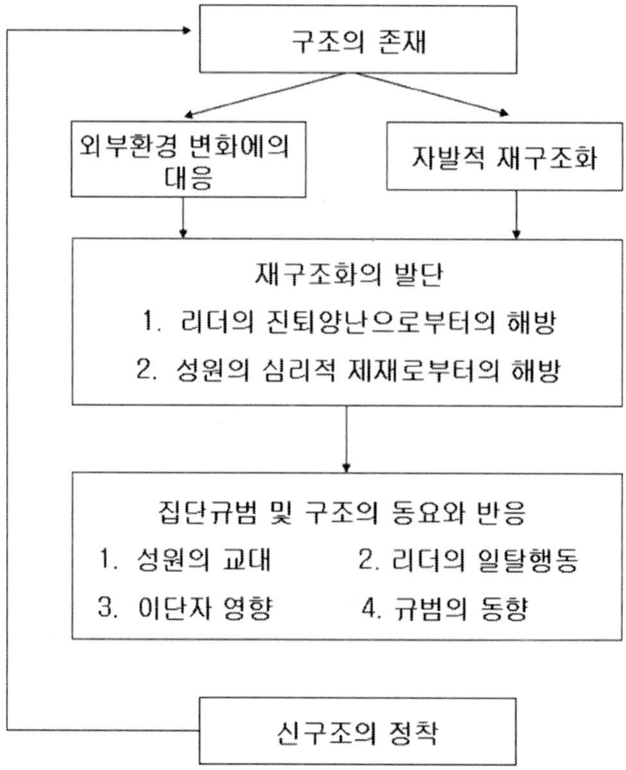

〈그림 Ⅶ. 2〉 조직의 재구조화 과정

(3) HRD교육 프로그램 담당부서 적극지원

강건한 조직은 개개인 구성원의 효율적인 과업수행을 위한 토대가 된다. 특히, HRD 프로그램 개발부서에 대하여 인적·물적자원은 물론 업무수행환경을 충분히 조성해 주는 것은 조직 차원에서 이루어져야 한다. 이러한 HRD 교육 프로그램 개발과 시행을 위하여 조직 차원의 자원은 조직의 지향방향과 설정된 목표를 달성하는데 크게 기여를 할 것이고, 미래를 준비하는 인간자원개발의 전략이 될 것이다.

Ⅷ 인간자원개발 프로그램 사례

1. 조직별 사례

본 장에서는 지금까지 소개한 인간자원개발에 대한 전반적인 의미와 특징을 토대로 현재 우리나라의 다양한 조직에서 실시하고 있는 인간자원개발(HRD)의 사례를 몇 가지 살펴보기로 한다.

1) 신세계 그룹 : E마트

(1) 경영이념

신세계의 경영정책		
신세계 경영정책의 기본은 내실을 바탕으로 한 안정적인 성장의 추구입니다. 이를 위해서는 핵심역량을 지닌 분야에 경영자원을 집중하고, 건전한 재무구조를 바탕으로 철저한 책임감으로 경여에 임하며, 어떠한 환경변화에도 대응할 수 있는 유연한 조직문화를 정착시키는 것이 필요합니다.	핵심경영	무한경쟁의 시대에 유한한 경영자원으로 생존, 발전할 수 있는 방법은 가장 자신 있는 분야에 경영 자원을 집숭하는 길 뿐입니다. 우리의 주력업종은 유통입니다.
	견실경영	견실한 재무구조는 집을 짓기 전에 땅을 다지는 일과 같습니다. 튼튼한 재무구조를 비롯해 글로벌 스탠다드에 맞는 경영만이 격심한 환경변화 속에서 생존할 수 있습니다. 신세계는 이윤을 극대화하는 내실있는 경영을 할 것입니다.
	책임경영	신세계는 신뢰를 바탕으로 과감한 권한 위양과 고객접점의 영업 현장에서 최고 의사결정에 이르기까지 각 경영활동의 주체가 스스로 판단하여 행동하는 기업문화를 지향합니다. 그래서 각자 맡은 일의 마지막까지 책임을 지는 신세계인이 되고자 합니다.

(2) 인재상

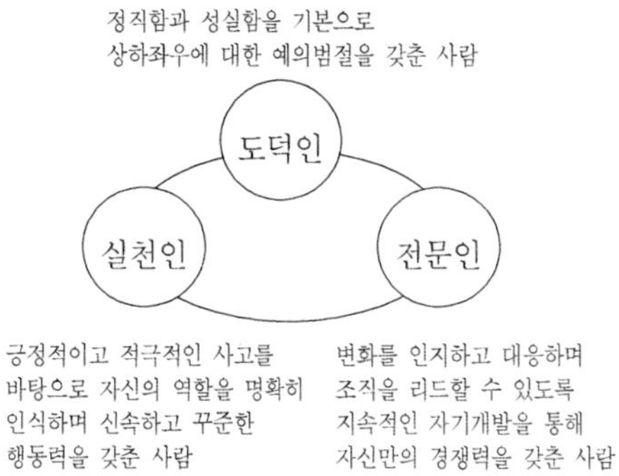

(3) HRD목표

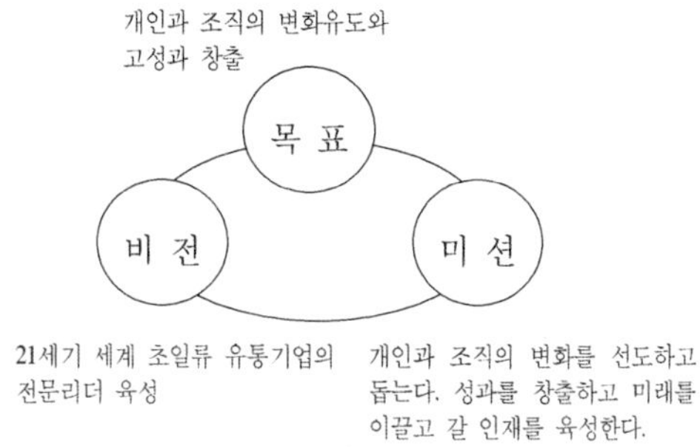

(4) HRD 체계

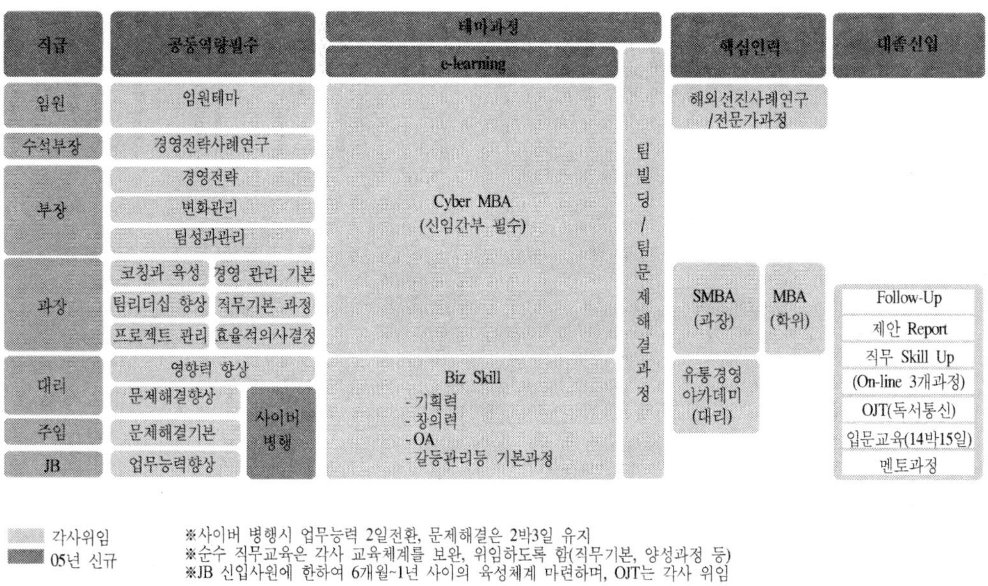

※사이버 병행시 업무능력 2일전환, 문제해결은 2박3일 유지
※순수 직무교육은 각사 교육체계를 보완, 위임하도록 함(직무기본, 양성과정 등)
※JB 신입사원에 한하여 6개월~1년 사이의 육성체계 마련하며, OJT는 각사 위임

(5) 주요 HRD 프로그램

① 공통역량 프로그램

▷ **필수과정 :** 자체 개발한 역량모델링 작업에 근거, 해당직급 관련 내용들로 임원부터 사원들까지의 인터뷰 및 설문조사를 통해 추출.

▷ **계층별 필수과정의 특징:** 해당직급 체류시 반드시 이수하여야만 상위직급으로의 승격자격이 주어지는 과정으로 계획, 인사와의 연계를 강화
기존의 1회성 교육에서 탈피, 현장의 성과와 직결되도록 사전학습 및 진단 →본 교육→사후과제의 Process로 구조화하여 운영

▷ **계층별 필수과정의 내용 :** 사원급의 경우 업무를 원활하게 수행하기 위한 논리적 의사소통스킬, 주임/대리급은 문제를 구조하하여 해결할 수 있는 문제해결, 간부급은 리더십 스킬에 초점을 맞추어 진행

▷ **사원 ~ 주임/대리 과정 :** 자체 역량 모델에 근거하여 자체 개발, 사내강사를 활용하여 운영, 현장감 있는 교육을 실현

▷ **간부급 과정:** 역량 모델에 근거하여 기존의 프로그램을 자사화, 현장 적용 사례를 제출하여 그 내용을 D/B화하고 사후과제 제출시에만 교육과정을 이수한 것으로 인정, 현장 적용성을 극대화

② 핵심 인재양성 프로그램

▷ **유통경영아카데미**

- 목표 : 분아별 핵심학습을 통한 유통전문가 양성
- 대상 : 대리급 우수인력
- 선발 : 지원:영업 6:4, 인사팀 주관 선발
- 인원 : 26명/년
- 내용 : 마케팅, 물류, CRM, MD, 상권분석, 서비스등
- 해외 선진시장 견학, 월 3일간 합숙교육, 총8개월 과정
- 혜택 : 성적우수자 10% 간부진급시 정규경영대학원 진학 지원

▷ **SMBA과정**

- 목표 : 경영전반의 자질함양을 통한 미래의 경영리더 육성 경영리더 육성
- 대상 : 과장급 우수인력
- 선발 : 각사 인사팀주관(인사/재무/마케팅/영업직군)
- 인원 : 20명/년
- 내용 : 경영학일반과정(미니MBA), 유통소매경영 전문교과목, 패러다임, 팀별문

제해결학습, 중국시장탐색
- 1일 전일 수업(**연세대 위탁**), 총 7개월 과정
- 혜택 : 성적우수자 10% 정규경영대학원 진학지원

③ 사이버 과정

▷ 간부 사이버 과정
- 과장 : Pre - MBA 마케팅원론, 회계원론, 재무관리, 인사조직
- 부장 : Cyber - MBA 경영전략, 회계기초, 마케팅전략, 기업재무

(6) 개인, 생애, 조직개발 프로그램

① 개인개발 프로그램 사례
▷ 프로그램 명: 마케팅의 기본 과정
▷ 대상: 전임직원, 시간: 36시간, 인원: 15명
▷ 주요 내용:

단원명	단원내용	시간
1. 현대마케팅의 의미와 본질	Marketing이란 최근의 마케팅 컨셉트	2H
2. 소비자 행동 분석	마케팅 환경 환경변화에 따른 대응	4H
3. 마케팅 조사기법	마케팅조사와 의사결정 조사의 진행단계	4H
4. 마케팅 전략의 수립	시장 세분화 (Segmentation) 표적시장 선정 (Targeting) 포지셔닝의 핵심(Positioning)	4H
5. 제품정책(Product)	제품의 기본개념 제품 수명과 신제품	4H
6. 가격정책(Price)	가격의 기본개념 가격전략	4H
7. 유통정책(Place)	유통경로의 기본개념 물류 전략	4H
8. 촉진정책 (Promotion)	촉진의 개념 판매원 관리	2H
9. 마케팅 사례연구	마케팅 사례연구 : 소비재, 산업재, 유통 기업의 특성에 맞는 사례를 가지고 연구	4H

② 생애개발 프로그램 사례

▷ 프로그램명: 관리자 회계 관리 육성과정

▷ 대상: 관리자 시간: 20시간 인원: 15명

▷ 주요 내용

단원명	단원내용	시간
1. 기초회계입문	재무회계의 기본내용 영업관리와 재무회계 재무회계와 관리회계	2H
2. 대차대조표 보는 법 - 자산/부채와 자본	자산 : 당좌자산과 유동자산 재고자산과 분식결산 매출채권과 그 관리방안 유형자산과 투자자산에 대한 이해 부채와 자본 : 유동부채와 유동성개념 고정부채와 고정성개념 자본금과 잉여금 자기자본과 타인자본 조달방안	6H
3. 손익계산서 보는 법 - 수익과 비용	수익 : 매출액과 매출 총 이익 매출인식기준과 매출관리방안 경상이익과 당기순이익 비용 : 판매비와 관리비 영업외 비용과 특별손실	4H
4. 영업관리를 위한 기초원가 회계	원가회계와 재무회계차이 원가회계의 목적 원가의 요소별 원가계산절차	3H
5. 재무제표 비율분석	안정성 비율분석 성장성 비율분석 유동성 비율분석 종합재무 비율분석	3H
6. 사업자(영업)관련한 세무회계	법인세와 소득세 부가가치세법 원천징수의무	2H

③ 조직개발 프로그램 사례

▷ 프로그램명: 조직성과를 극대화하는 관리자 능력 개발 과정

▷ 대상: 팀장, 대리급 관리자 시간: 20시간 인원: 30명 이상

▷ 주요 내용

단원명	단원내용	시간
1. 새로운 관리자의 역할	환경변화와 기업경영의 패러다임 경영방침의 이해와 전달 관리자가 갖추어야할 요건 (추진력 · 기획력) 나의 관리 스타일은?	2H
2. 효율적인 관리 프로세스	관리의 목적, 관리의 기능 계획수립 프로세스 조직화와 지시 · 행동 조정과 통제	2H
3. 문제해결과 의사결정	문제로부터 출발-문제발견 프로세스 일반적인 문제해결과 의사결정 문제해결을 위한 정보 소화 능력 의사결정 프로세스	3H
4. 바람직한 인간관계	인간관계 및 관리자의 동기요인들 부하사원의 동기부여 방법 갈등관리 (부서간 갈등 징후 포착 및 해결) 커뮤니케이션 효과 및 프로세스	3H
5. 지도와 육성	지도와 육성의 기본사고 OJT와 Off JT 지도육성의 계획적 추진과업무지도 방법 매뉴얼의 작성과 활용	3H
6. 목표에 의한 관리	목표설정의 기본요건(SMART),구비조건 목표의 중요성, 목표관리에 필요한 기술 목표관리 사이클 · 프로세스, 효과, 평가 사례연구 : 김과장의 과제	4H
7. 부서 활성화 기법	부서 활성화 기술 활성화된 부서의 특징 부서 모랄의 파악, 객관적, 주관적 분석 조직성과의 극대화 방안	3H
8. 바람직한 리더십	Lead Self 리드자기진단, Follow의 준비 리더십의 6가지 의미, 상황론적 리더십 사례연구 : 불만을 터뜨리는 부하를 멀리하라? Ostrich Complex 자기진단 성취인의 생애 설계와 자기관리	4H

2) 롯데 제과

(1) 소개

1967년 설립 이래 고객들의 사랑과 신뢰 속에 지속적인 성장을 거듭. 신제품 개발, 다양한 마케팅 전략과 앞선 유통 방식으로 제과 업계의 정상을 며, 미래 식품기술개발로 국내 식품산업의 선진화, 국제화에 기여하고 있음

(2) 인재육성 과정

단계별 인재육성 목표	
1단계	해당 부서의 업무처리절차, 관련법규, 규정을 명확하게 이해하여 원활한 업무수행이 가능한 인재로 육성함
2단계	해당 분야에서 필요한 직무지식을 명확하게 이해함으로써 실무자의 직무 수행능력을 고도화 시키고, 경영의 기본지식을 학습함으로써 기업환경의 변화에 대한 이해를 증진시키며, 능동적인 대처능력을 지닌 인재로 육성함
MBA과정 단기전문가 과정	경영에 관한 보다 깊은 지식을 학습하게 하여 해당 전공 분야에 정통하게 함으로써 전문가적 역량을 발휘 하도록 하여 경영에 기여할 수 있는 인재로 육성함

(3) 특징

▣ 교육과정 PASS제 및 교육이수학점제 시행

: 능력에 따라 차별화된 교육기회를 부여하여 기본교육의 완성도를 제고하고 전문가 육성의 토대를 마련하기 위한 목적

▷ 교육과정 PASS제란 ?

: 인재육성단계를 3단계로 구분하여 각 단계에 규정된 내용을 학습하여 PASS 판정을 받은 경우에 한하여 상위단계의 과정을 학습할 수 있는 자격을 부여하며 각 단계의 학습결과가 인사평가에 반영되는 제도

▷ 교육이수학점제란 ?

: 각 직급별로 이수하여야 할 학점을 규정하고, 각 직급 체류 기간 중 규정된 학점을 취득해야만 상위직급으로의 승진 자격을 부여하는 교육과 인사의 연계 제도로 운영과정은 필수과정과 선택과정으로 구분됨

(4) 주요 HRD 프로그램

① 상반기 신입사원입문 공통과정

▷ 목적

- 회사의 Vision 이해와 롯데제과 신입사원으로서의 기본자세 및 역할에 대한 인식고취
- 영업 및 생산현장 체험을 통한 현장업무의 이해
- 대졸 신입사원의 조기 전력화

▷ 대상 : 년도별 상반기 대졸공채

▷ 주요과정:

구 분		7월	8월	9월	10월	11월	12월	주요 내용
집합교육	집합 입문교육	—	—					회사조직 · 시스템의 개괄적인 소개 및 영업 · 생산현장 체험 / 봉사활동
	전산교육		—					교육일정 : 2005. 8. 9(火) ~ 8. 22(月) 엑셀(15H), 파워포인트(15H)
OJT 교육	업무기초 이해기		—	—	—			업무수행에 필요한 제반지식, 기능, 태도 습득 부서업무의 흐름 파악
	▶ 1:1 직무 OJT		—	—	—			
	▶ 업무 전공서적 연구			—	—			
	▶ 업무 Manual 작성			—	—			
	업무능력 발전기					—	—	업무개선안 연구 및 논문 작성, 발표
	▶ 업무개선 논문 작성 및 발표							

② 경영일반과정

▷ 목적: 구성원의 조직 경영 기본역량의 개발 및 향상을 통한 훌륭한 일터로의 변환 및 자율학습조직의 구축, 다양한 교육과정(사이버, 우편통신)의 개설을 통한 부서별 직무교육 강화

▷ 대상: 학점이수제 적용대상자(1~4급,S1~4,C3~4) 중 PASS 1단계 패스자. 단, 영업사원 제외

▷ 주요 내용:

교육방식	과정명	대상자	인원	일정	강사	장소	비고
출퇴근 교육	조직행동론	본사·영공 근무자	50명내외	5.26(목)/6.10(금)/6.24(금)	전영민	롯데디지털스쿨 (서울 충무로)	
	변화와 혁신		50명내외	5.11(수)/5.24((화)/6.8(수)	백진호		*신설과정
합숙 교육	조직행동론	지방공장·영업일선 근무자	40명내외	6.15(수)~17(금)[2박3일]	전영민	롯데중앙연수원 (경기 오산)	
	변화와 혁신		40명내외	5.17(화)~19(목)[2박3일]	백진호		*신설과정
	지역분석마케팅		40명내외	6.13(월)~14(화)[1박2일]	김상철		
사이버교육		인터넷학습 가능자	80명내외	5.1(일)~6.30(목) [1~2개월]		CyberMBA / 삼성SDS e-Campus	
우편통신교육		신청자	40명내외	4.18(월)~7.17(일) [3개월]		한국능률협회	

▷ 주요 진행방법:

구분	출퇴근 교육	합숙 교육	사이버 교육	우편통신 교육
교육대상	본사·영공근무자	지방공장·영업일선근무자	인터넷학습 가능자	수강 신청자
교육장소	롯데디지털스쿨 (서울 충무로)	롯데중앙연수원 (경기도 오산)	CyberMBA 또는 삼성SDS e-Campus 中 과정에 따라 선택	한국능률협회
교육방법	사전 교재배포 및 레포트 부여 →1일차 교육 →2일차 교육 →3일차 교육	사전 교재배포 및 레포트 부여 → 1박2일/2박3일합숙교육	교육기관 사이트 접속하여 수강신청 후 개별학습 (1~2개월)	교육기관 사이트 접속하여 수강신청→교재배포 →교재학습 후 레포트 제출 (3개월)
평가	4개 항목 평가 [종합평가(50%), 퀴즈(20%), 레포트(20%), 교육태도(10%)]		진도율 및 시험, 과제 응시 (과정별 다소 상이)	3권의 레포트 기한내 제출 후 첨삭지도
수료	평가점수 70점 이상 3회 모두 출석	평가점수 70점 이상	수료기준점수 이상 획득 (과정별 다소 상이)	레포트 성적 평균 60점이상

3) 삼성전자

: learning to innovation : "PRO-삼성인 육성"

(1) HRD 추진배경: IMF직후 조직 Anomy심화

▷ 개인적 측면: 불안 → 자신감 저하 →무가치, 무소신, 무열정 →에너지, 창의, 혁신력 저하

▷ 조직적 측면 : 소외감, 무력감 → 공동체 정체성 결여 → 응집력 약화 →집단도 전의식 저하 → 장기적 저하 → 장기적 조직 경쟁력 약화

☞ 조직 Anomy 극복추진 → 조직활력 → 창의와 혁신 →지식과 열정 → 학습과 도전 → 지식창조 Community 구축추진

(2) HRD 추진전략

▷ 유행이 아니다! 근원적 혁신 추구! (자전을 통한 공전의 추구 인식)
▷ "피할 수 없다" 공유
▷ 성과 창출은 실천토대! → 자율학습분위기 추진(pro팀 만들기)
▷ 먹이만으로는 물고기가 살 수 없다 → 학습, 도전, 신뢰문화 구축 동시 추구

(3) 기본 Concept

▷ 살아있는 생명체는 살아있는 세포가 만든다. 살아 있다는 것은?
▷ 자기성찰 → 꿈 → 목표 → 노력 → 실력 → 자신감 → 모험, 도전 → 창조혁신 → 성취 → 자아실현
▷ 회사는 자기성찰의 장, 혁신실천의 장

(4) 주요 프로그램

▷ 꿈, 희망, 도전 campaign : 꿈, 도전을 통한 학습분위기 조성
CATV : 아침방송시간, 희망, 도전 화면 상영(30회)
▷ 의식 혁신을 위한 프로그램 운영
- PRO Action21과정 : J1~M3 직급, 60개차수, 3,863명('98. 10~ '99. 06)
- 아리랑(我理朗) : 나를 찾아가는 기쁨, 동료와 하나되는 즐거움
130개 차수, 12,900명('01. 03 ~)
- 보람찾기 과정 : 여사원, 56개 차수, 5,600명('98. 08 ~ 현재)
- 공통 교육 및 조직활성화 과정 운영시 Self-leadership 필수 편성('98년 ~ 현재)

▷ 지식 Community PRO팀 운영 : '99. 1 ~ 현재
- 소집형, 교육부서 주관 교육 탈피 : 현업 중심 자율학습체제로 Paradigm shift,

학습, 토론, 과제해결 등으로 구성

- 현업 업무관련 학습태마, 학습내용, 시간계획 등 자율조정: 맞춤형, 다양성 인정 (선행기술, 혁신과제, 차기 project 준비등)
- 비공식 조직단위로 구성: 내부파트, 직무단위 구성, 혁신 circle 흡수, 계층별 구분없이 구성

(5) 주요 특징: PRO팀 운영, 학습도우미 배치!!

<table>
<tr><th>PRO팀</th><th colspan="2">PRO도우미</th></tr>
<tr><td>과제협의
(PRO팀원/ 부서장/ 도우미)</td><td colspan="2" rowspan="2">현업방문
PRO팀 및 부서장 과제협의</td></tr>
<tr><td>활동의뢰
(PRO-가꿈터 입력)</td></tr>
<tr><td>활동 계획 등록
(PRO-가꿈터)</td><td colspan="2">현업 방문 과정 및 지원사항 협의</td></tr>
<tr><td>일일활동결과입력
(출결, 내용, PRO-가꿈터)</td><td colspan="2">강사, 교재,
일반 운영 사항 지원</td></tr>
<tr><td>PRO리포트
(PRO-가꿈터등록, 공유)</td><td>결과 공유/
차기과제협의</td><td>경비 정산</td></tr>
<tr><td colspan="3">PRO팀은 학습활동만, 모든 지원은 도우미가!</td></tr>
</table>

(6) 주요 변화 :

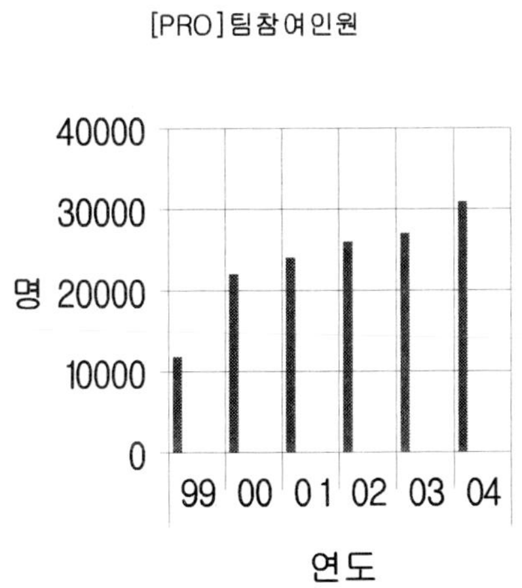

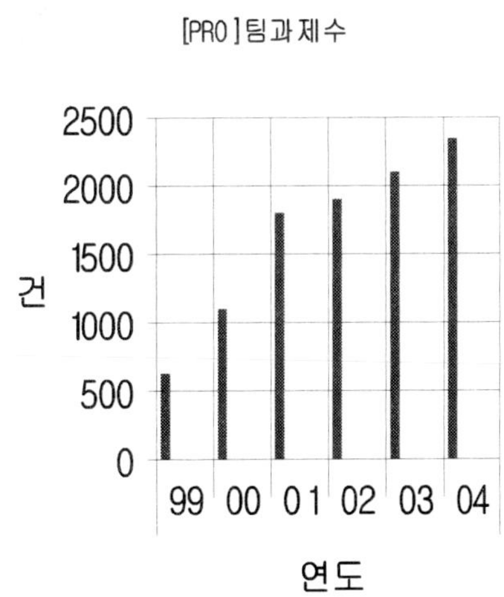

▷ ‘04년 월 2,500명 이상활동, 월 195과제 이상 수행 ⇒ 99년 대비 355% 신장
⇒ 학습, 도전, 창조, 자율학습 문화구축

▷ 조직 경영성과에 직접적 기여 ⇒ 업무현장의 구체적 변화 도출
- 혁신과제 해결 및 선행기술습득
- 6δ, PROCESS 혁신 등 소집단 학습활동을 통해 해결
- 차기 Project, 부족기술 사전연구
- 실천활동, PRO3M 등 제조 현장 혁신활동

▷ KNOW-HOW 공유 및 축적으로 지식경영 토대 구축
- 사내 자료를 활용한 교재 제작, 전시, 공유
- 기존 사원 정보공유 및 신입사원 OJT 교재 활용(2000여권 제작)
- 창출 신지식 공유(PRO-가꿈터), 토론을 통한 지식증폭

▷ 조직 내외부, 상하간 벽 없는 조직기반 구축
- 부서간 벽 타파 : 과제 해결시 관련부서 참여
- 계층간 벽 타파 : 업무 담당자 주도, 부서장 참여
- 외부고객간 벽 타파 : 관련기관 및 협력업체 참여

→ PRO팀이 정식 부서로 활동한 사례(무선 S/W L뮤, Forge팀 MITs 개발팀)

(7) 핵심 성공 요인

▷ 위기를 기회로! 학습 가치 공유 : IMF구조 조정 직후 위기감 이용 동기 유발

▷ FUN & Performance
- Bottom Up토대, Top Down의 전략적 융합
- 배우는 재미, 실천하는 재미, 실패하는 재미
- 개인 Vision, 팀 Vision, 회사Vision의 선 순환

▷ 지식의 숙주인 사람에 투자: Heart → Head → Hand Process

▷ Pro 학습도우미의 현장 방문 철저한 지원, 컨설팅
- D.D.t(Door to Door Tackle operation)
- 학습 Consultant의 역할 수행

2. 대상별 사례

1) 여성자원개발

우리나라의 여성인적자원개발을 담당하고 있는 중앙정부의 행정체계를 보면 그림과 같다. 중앙부처에서 여성인적자원개발정책을 담당하고 있는 부처는 여성부이다. 여성부 인적자원개발담당관실의 기능을 보면, '여성인력개발에 관한 계획의 수립', '여성사회교육에 관한 계획의 수립', '여성인력개발센터 설립 및 운영지원'을 담당하고 있다. 또한 여성부의 정책총괄과는 여성인적자원개발을 포함한 '여성정책의 기획 및 종합', '여성정책기본계획을 수립'하는 기능을 가지고 있다.

그리고 여성부는 여성인적자원개발을 위한 실행기구로서 여성인력개발센터의 설립 및 운영을 지원하고 있다. 여성인력개발센터는 1~6개월 정도의 단기 직업능력개발, 취업정보・취업알선, 근로여성 고충상담, 훈련수강생 자녀를 위한 복지후생시설 운영, 사회교육 및 문화활동 지원 등의 업무를 하고 있다. 여성부는 이러한 여성인력개발센터의 지원 사무를 위해서 현재 '여성인력개발센터 심사평가단'을 구성하여 운영하고 있다.[2] 심사평가단은 센터의 신규설립지역 및 사업주체를 심사 및 결정, 사업소재지 이전 지도 및 결정, 시설별 또는 지방자치단체별 운영실적 평가 및 차등 지원 등을 결정하는 기능을 가지고 있다.

이 외에 여성부는 여성인력개발센터의 운영과 관련하여 일부 업무를 지방자치단체에 위임하고 있다. 즉, 지방자치단체는 여성인력개발센터의 신규설립, 운영지원, 보조금 교부, 기타 지도 및 감독 업무를 위임받아서 운영하고 있다.

2) 「여성인력개발센터」 설립・운영규칙, 제5조 (「여성인력개발센터」 심사평가단 구성).

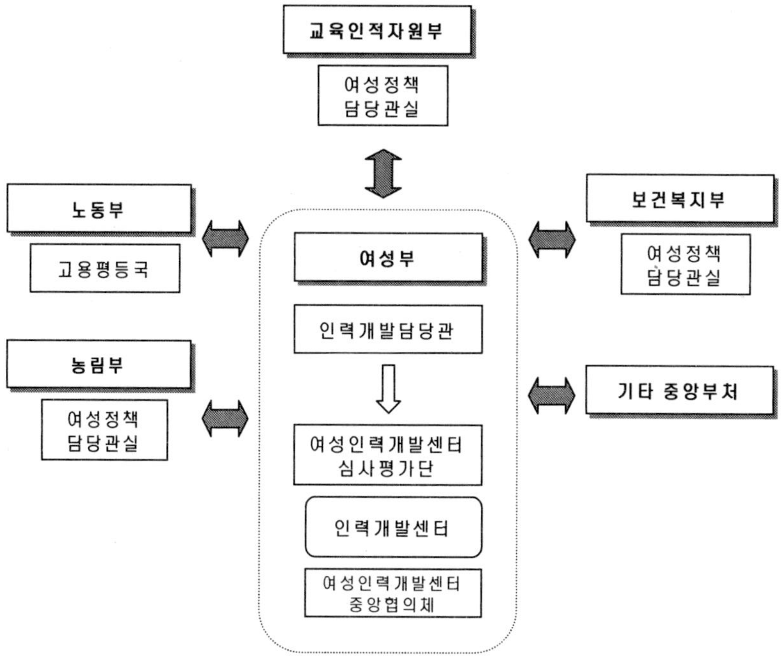

또한 일반적으로 지역단위에서 인적자원개발을 담당하고 있는 부서는 여러 부서이나, 실질적으로 지역인적자원개발은 실질적으로 다루고 있는 부서는 경제업무담당 부서이다. 그러나 최근 연구결과에 의하면 경제업무담당 부서와 여성인적자원개발 담당 부서를 비롯한 지역 인적자원개발을 담당하고 있는 다른 부서간의 업무조정이나 연계가 거의 이루어지지 않는 것으로 나타났다. 이에 따라 이들 여성인적자원개발담당 부서들의 여성인적자본 형성과 관련된 업무는 경제업무담당 부서의 인적자원개발 업무와 중복이 발생하고, 여성 사회·문화자본 형성과 관련 업무는 문화업무담당 부서의 업무와 중복이 발생한다. 즉, 지역 여성인적자원개발을 주로 담당하는 기관들간, 여성인력개발센터와 여성회관 및 다른 지역 인적자원개발기관들간에 기능 중복 등과 같은 문제들이 발생하고 있다.

다음으로 지역의 여성인적자원개발 기관 현황을 보면 아래 그림과 같다. 지역 여성인적자원개발을 담당하고 있는 직업교육훈련기관은 공공과 민간을 합치면 상당히 많은데, 대표적인 기관이 앞에서 언급한 지방자치단체 산하에 있는 여성회관과 여성능력개발기관(예컨대, 경기도 여성능력개발센터 등)과 여성부가 지방자치단체에 일정 업무를 위임한 여성인력개발센터이다.

〈그림〉 지역 여성인적자원개발관련 교육훈련기관

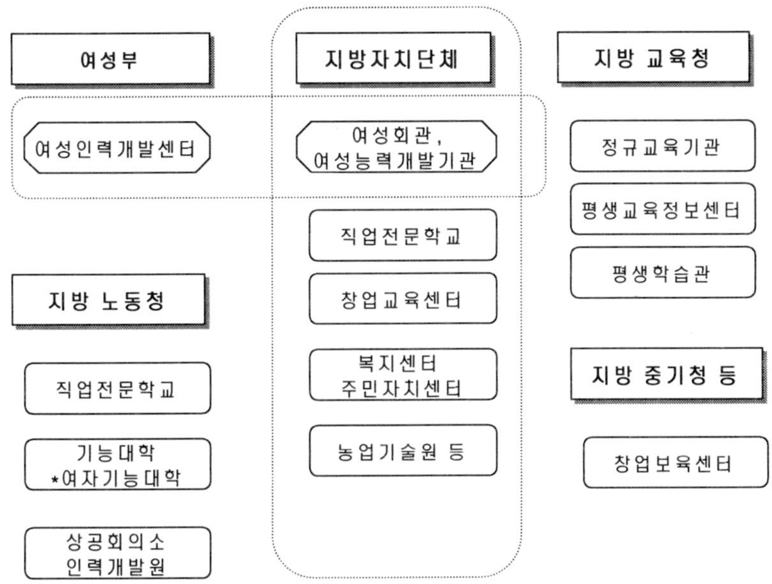

주 : 1) 8각형은 여성전용 직업교육훈련기관을 나타냄.
2) 지방교육청에서 평생교육정보센터, 평생학습관은 교육청 이외의 다른 행정기관의 인적자원개발관련 기관을 포괄하고 있음.

(1) 지역 여성인적자원개발센터

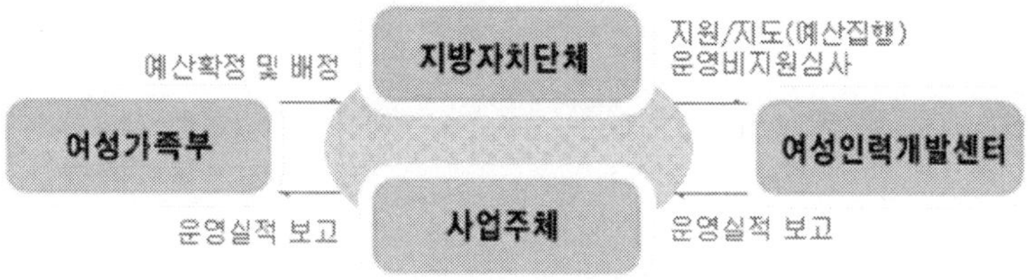

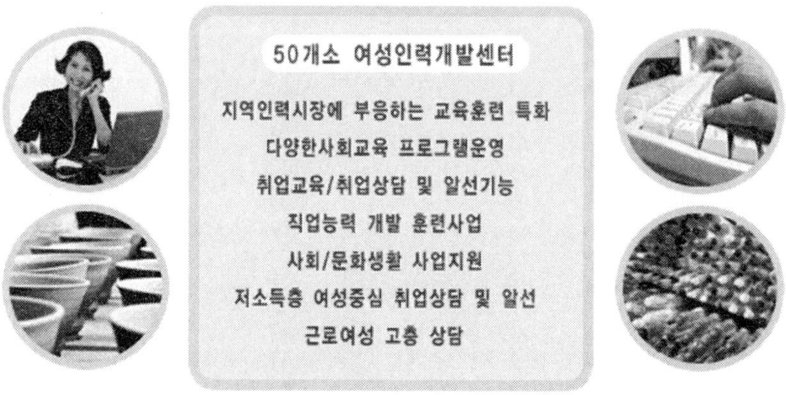

(2) 주요 프로그램

프로그램	개강일	기간	시간	수강료	개설지역
해외여행을 위한 영어회화 초급	2005-09-26	2005.9.28-11.16	수 15:30 - 17:00	총 8만원	경기 성남
한글과 엑셀을 활용한 문서작성실무	2006-02-14	10회	화.목 오전10시-오후1시	6만원	서울 관악
전산회계1급시험대비반	2006-02-13	20회	월.수.금 오후2시-5시	20만원	서울 관악
초등NIE지도사	2006-02-24	3개월	금. 오전10시-오후1시	15만원	서울 관악
주산식 셈 학습지도사(9기)	2006-02-13	8회	월,수 10시-오후1시	5만원	서울 관악
중식일품요리	2006-02-10	2개월	금, 오후2시-4시	10만원	서울 관악
전문간병인양성과정(5기)	2006-02-20	2/20-3/3(2주)	월-금 오전9시30분-오후1시30분	8만원	서울 관악
암산수학지도자(3기)	2006-02-13	10회	월.수 오전10시-오후1시	15만원	서울 관악
샵마스터	2006.2.20	15회	월,수, 오후7시-10시	45만원	서울 관악
정보화기초2 (엑셀+파워포인트)	2006.2.20	12회	월,수 오후7시-10시	12만원	서울 관악
샵마스터	2006-02-14	15회	화/목 오전10시-13시	45만원	서울 관악
투잡을 위한 쇼핑몰 창업	2006.2.21	18회	화,목, 오후7시-10시	25만원	서울 관악
인터넷 기초, 활용 27기	2006-01-16	2주	월~금/ 12:00~13:30	4만원	서울 은평
가사도우미	2006-02-28	1일	화 10:00-12:30	10,000	경남 마산
주산식속셈암산5기	2005-12-14	12.14-2006.01.08	월, 수(10;00-12:00)	월5만원	인천
포토샵과 일러스트레이터 C	2006-02-15	2개월	월,수 19:00~21:30	23만원	경기 성남
미술심리치료사1단계	2006-03-06	8주	월.수 (10:00~13:00)	25만원	경기 성남
회계관리사	2006-03-06	3개월	월,금 19:00~22:00	36만원	경기 성남
실업자훈련) 호텔룸어텐던트 취업반	2006-03-07	3개월	매주 월-금 09:10-13:00	0 (전액무료)	서울 금천
노동부지원) 호텔룸어텐덴트 취업훈련	2006-03-07	3개월(3/7-6/5)	매주 월-금 09:10-13:00	0 (전액무료)	서울 금천
노동부지원) 호텔룸어텐던트 취업반	2006-03-07	3개월	매주 월-금 09:10-13:00	0 (전액무료)	서울 금천
비즈공예전문가(사범)	2006-04-19	4개월	수요일 10시~12시	10만원	경기 안양
전산세무2급	2006-02-08	2개월	월,수(19:00~21:30)	20만원	경기 성남
간병사신입교육생모집	2006-03-06	06.3.6-3.27(3주)	월-금(9:30-16:30)	20만원	서울 금천
전통폐백이바지 전문반	2006-02-17	1개월	매주 금 13:30-18:30	8만원	서울 금천
생활요리및 손님상차림(0601)	2006-02-04	1개월	매주 토 10:00-12:00	3만5천원	서울 금천
헤어디자이너(0511)	2006-02-06	4개월	매주 월,수.금 (18:30 -21:30)	월5만원	서울 금천
도배사(83기) 전문과정	2006-02-14	2개월	매주 월-목 09:00-13:00	월15만원	서울 금천
출장요리사 19기 재등록(4회분)	수시모집	2/1-2/29	매주 월,수,금	월20만원	서울 금천
근로자수강지원) 제과제빵사(1) 80%환급	2006-02-27	3개월	매주 월,수,금 19:00-21:50	50만원	서울 금천

이러한 여성인력개발센터는 전국에 53개소가 있는데, 서울이 가장 많아서 16개소에 달한다. 그 다음은 경기도로 7개, 인천광역시 4개 등이다. 사업주체별로 보면 대한 YWCA연합회가 운영하는 센터가 25개소로 약 50%를 차지하고, 대한부인회 3개소, 온터두레회 3개소, 한국여성노동자협희회 2개소, 여성중앙회 2개소 등을 운영하고 있다.

이 외에도 노동부의 직업전문학교가 전국에 21개소가 있는데, 강원도가 가장 많아서 4개소 그 다음은 경상북도 3개소, 충청북도, 전라북도, 경상남도가 각각 2개소가 있다. 그러나 서울시, 대전시, 울산시는 노동부 산하 직업전문학교가 없다. 기능대학도 전국에 23개소가 있는데, 지역별로 보면 서울시, 대전시, 경기도, 충북, 충남, 전북, 경남에 각각 2개소씩 있었다. 이 외에도 사회교육을 실시하고 있는 대학이 전국에 179개소가 있고, 농협의 주부대학이 124개소가 있다.

〈표〉 지역별 여성인적자원개발관련 기관의 현황과 분포 (2002년)

(단위: 개소)

	여성 회관	여성인력 개발센터	사회 복지관	대학 사회교육원	직업 전문학교	기능 대학
서울특별시	4	16	85	37	0	2
부산광역시	3	3	46	13	1	1
대구광역시	2	2	26	12	1	2
인천광역시	2	4	11	4	1	1
광주광역시	1	2	17	8	1	1
대전광역시	1	1	13	6	0	1
울산광역시	1	1	4	1	0	1
경기도	17	7	34	24	1	2
강원도	14	2	10	9	4	1
충청북도	12	1	6	8	2	2
충청남도	1	3	9	11	1	2
전라북도	9	2	13	8	2	2
전라남도	8	2	13	4	1	1
경상북도	11	3	12	18	3	1
경상남도	8	3	15	11	2	2
제주도	2	1	3	5	1	0
계	96	53	317	179	21	23

자료: 김태홍(2002), 여성부 DB.

이와 같이 지역에는 여성인적자원개발을 담당하는 다양한 기관이 있다.

2) 노인자원개발

현재 우리나라의 55세~64세의 인구는 1980~2000년에 걸친 20년간 약 400만명이 증가해 1960~1980년의 20년간 증가수인 224만명의 약 2배에 달했다(중앙고용정보원, 2004). 이러한 고령층의 증가는 미래의 젊은 노동력의 감소라는 상황과 맞물려 더욱 가속화될 것으로 예측된다. 그러나 기업이 젊은 노동력의 감소에 대응하지 못한 채, 고령자 고용을 배제하거나 보조적인 노동력으로서만 고용한 경우에는 노동력 부족에 직면하게 될 것이다. 따라서 앞으로 기업들은 젊은 노동력 인구의 감소에 대응하여 노동가능연령을 높일 수밖에 없게 될 것이다. 이렇듯 고령층 노동력의 증가가 불가피한 상황에서 이들을 노동시장에서 활용 가능한 인력으로 재배출하는 고령층 인적자원개발은 우리 사회의 중요한 과제가 되고 있다.

이러한 고령자 인적자원개발은 이들의 직업교육훈련을 위한 한국산업인력공단과 지역 사회복지관에서 실시하는 교육프로그램을 들 수 있다. 그러나 현재 우리나라의 고령층 인적자원개발은 고령자들을 인적자원으로 활용하기 위한 교육훈련보다는 취업에 관련된 사업 중심으로 이루어지고 있다. 고령자 취업관련 사업은 공공부문과 민간부문으로 구분된다. 공공부문은 노동부 산하의 고령자인재은행, 고용안정센터, 인력은행, 워크넷 등이 있고 보건복지부 산하의 노인취업알선센터(대한노인회 위탁), 서울시가 위탁·운영하는 고령자취업알선센터, 그리고 시·군·구에서 운영하는 취업정보센터와 지역사회의 노인복지관의 고령자취업을 들 수 있다.
이외에 민간부문에서 실시되는 사업은 경영자총연합회에서 운영하는 고급인력정보센터와 인재은행 정도를 들 수 있다.

(1) 한국산업인력공단

: 1주에서 4주까지 중·고령자 고용촉진을 위한 단기 적응프로그램을 실시하고 있다. 고령자 고용촉진 단기적응훈련과정에는 주차관리원, 경비원 등 고령자적합직종과 취업 용이 직종을 중심으로 1~2주간의 과정을 개설, 직업생활과 안전관리 및 직종별 기본교육을 실시하고 있다. 교육훈련실시 기관으로는 한국노인복지회, 복지회관, 일하는 여성의집 등의 비영리단체나 협회 등 전국 69개 훈련시설에 위탁하여

직장적응교육을 실시하고 수료와 동시에 취업을 알선하고 있다.

(2) 서울시 노인취업알선센터

: 서울시에 거주하는 만 55세 이상을 위한 취업알선전문기관으로 1992년 서울시가 12개 민간기관에 운영을 위탁해 사업을 시작했다. 2003년에 국내 처음으로 실버취업박람회를 개최했고, 2004년에 노인취업전문교육기관인 노인취업훈련센터를 개소하여 노인취업 상담과 알선, 구인업체개발, 직종별 전문교육 체계를 갖춰 노인취업을 활성화 했다. 이곳의 교육직종은 14개로 1000여명이 교육에 참여하고 있다.

(3) 시니어클럽

: 2001년부터 시범사업으로 시작된 '지역사회시니어클럽(Community Senior Club : CSC)사업'으로 보건복지부가 추진한 것으로 노인들의 적극적인 사회참여를 돕기 위한 사업이다. 수시로 회원을 모집하며, 일정 교육을 이수하고 난 후, 숲 생태보호지도자, 거리봉사대, 거리환경 지킴이 등의 직업을 가질 수 있다.

(4) 노인인력뱅크

: 전문사무직 퇴직자의 직장 경험 활용을 위해 고령층의 다양한 인력정보 및 취업정보를 제공하고 고령자 재취업 성공사례를 발굴해 홍보하고, 노인창업 정보, 자원봉사 정보 등을 제공하고 있다.

(5) 고령자 인재은행

: 고령자고용촉진법에 의해 고령자의 직업지도와 취업알선 등 필요한 시설과 인력을 갖춘 단체를 노동부 장관이 지정하여 고령자의 취업상담 및 알선을 통해 고령취업인구를 확대하는데 목적이 있다. 2003년부터 대한은퇴자협회가 운영하고 있다.

(6) 실버인재센터

: 정부의 지원을 받아 교육 및 훈련을 통해 노인들의 일자리를 창출하는 사업단

체로 정원수의 손질, 공원의 청소, 가사의 원조, 주소 성명쓰기·상장쓰기 등과 같은 교육 및 훈련을 하고 있다. 우리나라는 청주 시니어 클럽 내에 실버인재센터를 운영하여 일하기를 희망하는 노인 인력을 발굴하여 상담 및 교육을 실시하고 노인에게 적합한 일자리를 발굴 및 개발하고 있다.

살펴본 바와 같이 고령층 인적자원개발을 위한 조직들은 고령층의 인력들을 단순노무직에 종사하는 노동력으로 개발하고 있는 실정이다. 2002년 워크넷에 집계된 취업동향 분석결과 고령층 취업자 중 50~59세의 90.0%, 60세 이상의94.4%가 농림·어업 및 단순노무직에서 일하는 것으로 나타났다.

3) 농업인자원개발

(1) 농업기술센터

① 계절별 영농교육 프로그램 과정

▷ 교육목적

- 영농시기별로 현장에서 주요 기술 실천과제 교육을 연중 실시하여 전문 경영기술 능력 배양과 고품질 농산물 생산을 통한 농가소득증대에 기여

▷ 운영방향

- 품목별 농업인 조직활용으로 자율적인 학습능력 배양
- 영농시기별 현안 과제 중심의 교육실시
- 지역의 경쟁력 있는 품목의 지속적 기술교육 실시

▷ 주요내용

- 교육시기 : 3 ~ 11월
- 교육인원 : 희망농업인 680명
- 교육분야 : 시설채소, 화훼, 과수(배)등 원예분야
- 교육내용 : 품목별 현장애로기술, 품목별 생육단계별 주요 기술 교육, 작목별 주요작업시기 현장교육

▷ 교육효과

- 기술정보의 신속한 보급 및 상호 교환, 전문경영기술능력 배양으로 농가소득증대에 기여

② 농가경영 컨설팅교육 프로그램 과정

▷ 교육목적

- 벤치마킹 기법을 도입한 농가경영컨설팅 서비스로 경영기술향상과 개별농가 단위의 경영혁신을 통한 농가 소득증대 기여

▷ 주요방향

- 벤치마킹 기법을 도입한 컨설팅 추진: 농가경영컨설팅 교육, 품목별 우수경영체 현지견학을 통한 벤치마킹 강화, 농가경영 표준진단표 보급으로 경영주 자가 경영진단, 농가경영컨설팅 서비스(품목별 컨설팅 팀 구성 및 종합상담으로 경영 개선)

▷ 주요내용

- 전문지도사 컨설팅팀 구성 : 4개분야 6팀 20명 구성 (3월)
- 집단컨설팅 교육 : 품목별 전문컨설팅교육 4회 200명 (연중)
- 품목별 표준진단표 작성 및 경영개선처방 : 60농가 (2~9월)
- 농가경영컨설팅 선진지 견학 : 3회 120명 (연중)
- 경영개선 종합상담실 운영 : 1개소 (연중)

▷ 교육효과

- 벤치마킹을 통한 기술선택 및 농가경영능력 향상
- 객관적인 표준진단, 처방으로 개별농가 경영개선

③ 우리 농산물 가공교육 프로그램 과정

▷ 교육목적

- 농산물 개방화 시대에 적극 대처하기 위한 우리 농산물 애용의식 고취
- 소비자 주도의 우수 농산물 생산 및 부가가치 창출 유도

▷ 주요방향

- 글로벌 농업 시대에 맞는 소비자의 능동적 역할 수행 의식화
- 농업생산물 관련 다양한 가공기술 발굴·보급
- 안전하고 우수한 우리 농산물 홍보로 건전한 소비체계 구축

▷ 주요내용

- 교육시기 : 3 ~ 11월
- 교육인원 및 대상 : 희망시민 500명
- 교육내용: 농산물 가공·활용·상품화 교육, 친환경 우수 농산 가공품 관련 정보 제공, 쌀, 콩, 매실, 화훼 채소류 활용 건강식품, 생활용품 제조기술

▷ 교육효과
- 친환경 우수 농산물 홍보로 건강한 농산물 생산 정보 보급
- 농업 및 농산물의 부가가치 창출과 소비자 농업 육성
- 농산물 소비 활성화 및 친환경 생활기술 보급 확산

4) 소외 아동 · 청소년자원개발

(1) 개요 및 목적

① 개요

▷ 지역사회 교육기관의 인적, 물적 자원을 활용한 소외 계층(차상위계층 포함) 아동, 청소년(장애 아동 및 청소년 포함) 선택형 항공분야 인적자원 개발 프로그램 "골라서 배우자"

▷ 항공조종사, 항공정비사, 객실승무원, 항공관제사 및 항공스포츠전문가 체험을 위한 항공인적 자원양성 프로그램 개발

② 목적

▷ 한서대학교가 주관하여 아동·청소년 및 항공관련 인적자원과 물적 자원을 활용하여 비장애 아동과 청소년을 위한 항공운항, 항공관광, 항공전자시뮬레이션, 항공기계 관련 프로그램 개발

▷ 한서대학교 아동·청소년, 작업치료·물리치료, 항공관련 학과의 인적 자원과 물적 자원을 활용하여 장애 아동과 청소년을 위한 항공운항, 항공관광, 항공전자시뮬레이션, 항공기계 관련 프로그램 개발

③ 주관기관 : 한서대학교

(2) 프로그램 내용

① 모집방법
: 서산시 소재 아동복지시설인 서산시아동센터(6개 센터 5명씩) 총 30명

② 모집방법
: 초등학교 4,5,6학년 196명을 대상으로 항공진로인식 및 직무 인식 요구조사 및

분석을 통하여 서산시 지역아동센타 6개소 30명 선발

③ 비장애 아동 · 청소년 프로그램

〈표 1〉 비장애 아동·청소년 프로그램

사업명	사업 내용(활동방법)	자원 현황
스카이머신 (Sky Machine)	· 항공기 장비에 관한 기초지식알기 · 교내 시설을 이용한 항공기 장비 정비하기 · 항공기 장비 역할 알기 · 정비공장방문 및 체험	항공기계학과, 아동청소년복지학과
스카이플라이 (Sky Fly)	· 항공기 운항에 대한 기초지식알기 · 항공기 운항 가상 시뮬레이션 체험 · 가상시뮬레이션을 통한 다양한 상황 체험 · 실제 항공기 운항 상황 체험	항공운항학과, 아동청소년복지학과
스카이크루 (Sky Crew)	· 스튜디어스에 대해 알기 · 교내시설을 통한 실제 기내서비스 및 예절알기 · 교내시설을 통한 국내선 기내서비스 실습 · 실제 항공기에서 기내 서비스하기	항공관광학과, 아동청소년복지학과
스카이세이프 (Sky Safe)	· 관제에 대한 기본지식 알기 · 교내 시설을 통한 관제활동 하기 · 실제 관제탑 실상황실 방문	항공전자시뮬레이션학과, 아동청소년복지학과
스카이플레이어 (Sky Player)	· 항공 스포츠의 종류에 대해 알기 · 준비된 항공 스포츠에 대한 지상 훈련하기 · 교수자와 함께 항공 스포츠 실제 체험하기	항공해양스포츠학과, 아동청소년복지학과

④ 장애 아동 · 청소년 프로그램

▷ 장애 아동 및 청소년을 위한 프로그램은 장애아동의 특성을 감안하여 사업개발을 위한 자원에 이를 배려

▷ 장애 아동 및 청소년이 수업에 참여할 수 있는 여건하에서 작업치료학과, 물리치료학과등 장애 아동을 위한 특수학과의 보조가 병행되어 진행

〈표 2〉 장애 아동·청소년 프로그램

구분	사업 내용	자원 현황
곰돌이 머신 (Bear Machine)	· 항공기 장비에 관한 기초지식알기 · 교내 시설을 이용한 항공기 장비 정비하기 · 항공기 장비 역할 알기 · 정비공장방문 및 체험	항공기계학과, 아동청소년복지학과 작업치료학과, 물리치료학과
곰돌이 플라이 (Bear Fly)	· 항공기 운항에 대한 기초지식알기 · 항공기 운항 가상 시뮬레이션 체험 · 가상시뮬레이션을 통한 다양한 상황 체험 · 실제 항공기 운항 상황 체험	항공운항학과, 아동청소년복지학과 작업치료학과, 물리치료학과
곰돌이 크루 (Bear Crew)	· 스튜디어스에 대해 알기 · 교내시설을 통한 실제 기내서비스,예절알기 · 교내시설을 통한 국내선 기내서비스 실습 · 실제 항공기에서 기내 서비스하기	항공관광학과, 아동청소년복지학과 작업치료학과, 물리치료학과
곰돌이 세이프 (Bear Safe)	· 관제에 대한 기본지식 알기 · 교내 시설을 통한 관제활동 하기 · 실제 관제탑 실상황실 방문	항공전자시뮬레이션학과, 아동청소년복지학과 작업치료학과, 물리치료학과
곰돌이 플레이어 (Bear Player)	· 항공 스포츠의 종류에 대해 알기 · 준비된 항공 스포츠에 대한 지상 훈련하기 · 교수자와 함께 항공 스포츠 실제 체험하기	항공해양스포츠학과, 아동청소년복지학과 작업치료학과, 물리치료학과

(3) 프로그램 운영성과

① 운영성과

▷ 프로그램 참여한 아동 29명을 대상으로 한 진로 및 직무인지에 대한 사전 사후 t-test 실시

▷ 항공체험 프로그램의 진로 및 직무인지에 대한 효과를 검증하기 위하여 5개의 항공 관련 직업에 대하여 paired t-test를 실시[3)]

② 프로그램 평가

▷ 진로 및 직무인지에 대한 효과

3) 진로인지에 대한 사전 사후 t-test

- 쉽게 접할 수 없는 조종사, 항공정비사, 객실승무원, 항공교통관제사, 항공스포츠전문가 등 진로 및 직무인지가 낮았던 직업에서 프로그램의 효과가 높게 나타남
- 소외계층 아동 · 청소년의 교육의 기회를 넓힐 수 있는 프로그램이었으며, 계속적인 추적관리로 지역의 고급 항공전문가로 양성할 수 있는 프로그램임
- 국가전략산업인 항공분야 전문인력의 잠재적 확보

▷ 삶의 목적감에 대한 효과

- 소외계층 아동 · 청소년의 삶의 목적감 중 삶의 회의는 프로그램의 효과가 나타나지 않았으나 삶의 재미를 증진시키는데 효과가 있었음
- 항공체험 프로그램 실시 후 항공관련 희망 직업에 변화가 있는가를 알아본 결과 항공스포츠전문가를 희망하는 학생들의 비율이 증가하였으며, 이는 카이트와 행글라이더 체험이 학생들에게 보다 재미있는 직업의 의미를 부여하였기 때문으로 판단됨

구 분			N	M	SD	t값
조종사	진로인지	사전	29	.45	.506	-4.848***
		사후	29	.97	.186	
	직무인지	사전	29	2.28	.841	-9.761***
		사후	29	3.69	.471	
항공정비사	진로인지	사전	29	.17	.384	-10.360***
		직무인지	29	.97	.186	
	직무인지	사전	29	1.83	.848	-11.457***
		사후	29	3.69	.471	
객실승무원	진로인지	사전	29	.41	.501	-5.870***
		직무인지	29	.97	.186	
	직무인지	사전	29	2.21	1.013	-7.559***
		사후	29	3.69	.471	
항공교통 관제사	진로인지	사전	29	.07	.258	-15.578***
		직무인지	29	.97	.186	
	직무인지	사전	29	1.38	.775	-13.182***
		사후	29	3.59	.568	
항공스포츠 전문가	진로인지	사전	29	.07	.258	-15.578***
		직무인지	29	.97	.186	
	직무인지	사전	29	1.45	.783	-11.602***
		사후	29	3.55	.632	

※ SPSS PC+ Win 12.0을 활용 자료 분석하였으며, 적용한 통계기법은 빈도분석과 평균차이검증(paired t-test)

- 특성화된 지방의 대학을 활용한 교육으로서 지방대학의 인적 및 물적 자원 활용의 중요성 및 지역간 협력의 필요성 시사

5) 장애인 및 장애가족자원개발

(1) 개요 및 목적

① 개요

▷ 사회적 여건의 미흡으로 창업에 애로를 겪고 있는 충남의 장애인 및 장애인 자녀를 둔 부모들을 대상으로 한 차별화된 창업전략 제시

▷ 재활복지특성화 대학의 재활복지 인프라를 활용한 교육과정으로 장애유형에 적합한 현장중심의 교육과정을 제시하고 장애유형에 적합한 새로운 고용창출

② 목적

▷ 충청남도 지역 장애인 인적자원관리 및 활용방안을 보색하고, 부모 사후(父母死後) 가치있는 삶을 통하여 사회적 책임과 역할을 수행할 수 있는 전문인 양성

③ 주관기관: 나사렛대학교

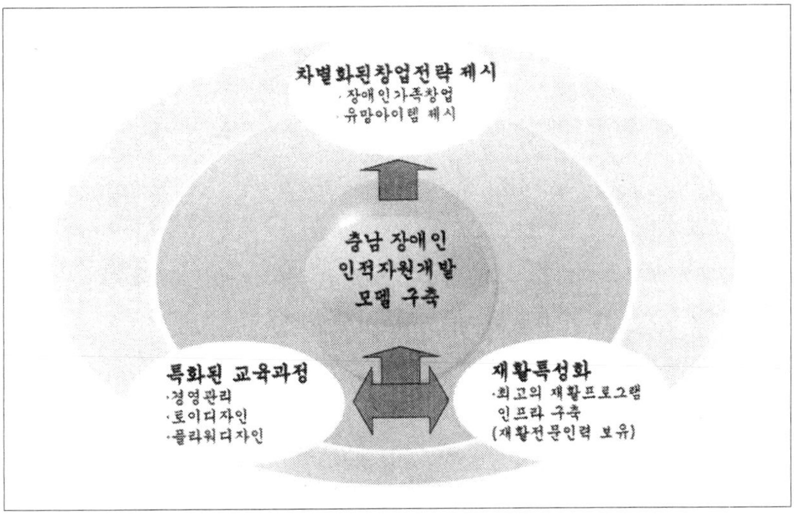

④ 위탁교육기관

▷ 나사렛대학교 산업협력단 재활인력혁신사업팀

▷ 유니버설디자인연구센터

⑤ 협력기관

▷ 토이디자인 : (주)테디베어, 테디베어 협회, 니들펠팅협회, 베어캐슬

▷ 플라워 디자인 : (사)한빛회, 천안시 장애인 보호작업장

(2) 프로그램 운영내용

① 대상

▷ 공적인 가족창업을 준비하는 장애인 가족 중 창업 및 각 프로그램에 관심이 있는 자로 충남지역에 거주하는 장애인 가족을 대상으로 경영/일반 분야 30명, 토이디자인 분야 15명 공개 모집

② 세부 프로그램

▷ 프로그램 구분

구분	과목수	시간	강의횟수
경영일반 과목	9 개	18	주2회
토이 디자인 과목	16 개	46	주3회
플라워 디자인 과목	12 개	34	주3회
합계	37 개	98	

▷ 경영관리 교육 프로그램

- 가족창업 학습과정을 통하여 경영관리 전반에 걸쳐 효과적이고 효율적인 의사결정을 할 수 있는 경영마인드를 지닌 전문인 양성과정
- 잠재력이 풍부한 장애인들이 가족창업 시스템을 통하여 성공적인 창업수행에 관련된 경영 스킬(skill)을 습득

〈표〉 경영관리 및 일반교양 교육과정

경영일반 교육프로그램(토이 디자인/플라워 디자인 공통)

차시		시수	일시	강사명	강의명	주요내용
1	1부	2	11/14 (월)	김용범	사마상여와 탁문군	인생은 자기 계척의 산물
	2부	2	11/14 (월)	이재범	가족창업 아이템 탐색 및 업종 선정 전략	가족창업을 위한 유망업종선정과 전략제시
2	1부	2	11/21 (월)	이재범	장애인 창업 로드맵	창업과정의 일반적인 흐름
	2부	2	11/21 (월)	이재범	매출액 활성화 전략	마케팅의 지혜를 통한 매출향상 기법
3	1부	2	11/28 (월)	이재범	재무회계의 이해	기업경영의 언어(language of business)
	2부	2	11/28 (월)	박상규	직장 내 대인관계 기술	조직 구성원으로서 조직목표를 추구하는 과정에서 협력적 인간관계를 위한 기술을 이해와 직무만족을 기한 자아실현을 도모
4	1부	2	12/ 5 (월)	장창엽	장애인고용정책	장애인고용정책, 제도 및 관련법규 전반에 관한 연구
	2부	2	12/ 5 (월)	김용범	역사의 위인을 통해 본 장애극복의 교훈	장애는 극복의 대상
5		2	12/12 (월)	김준연	장애인창업 성공기업 현장방문	성공요인 벤치마킹(benchmarking)

▷ 토이 디자인 분야

- 완구 생산라인을 독자적으로 수행 할 수 있는 토이 디자인 전문가 양성
- 협력기관으로서 (주)테디베어, 테디베어 협회, 니들펠팅협회, 베어캐슬 참여
- 캐릭터 시장조사와 선호도 조사 및 연령에 맞추어 디자인 후, 지역의 생산공장과 연계를 통하여 상품화할 수 있는 패턴을 만들고 샘플을 제작하여 생산라인과 연결시키는 작업을 독자적으로 수행해 낼 수 있도록 함

〈표〉 토이 디자인 교육과정

토이 디자인 교육프로그램

차시	시수	일시	강사명	강의명	주요내용
1	3	11/ 9 (수)	이세정	디자인원리	디자인의 기초개념과 그 상업적인 활용방안에 대한 연구
2	2	11/10 (목)	김지수	디자인을 위한 컬러	색채 미학의 과학적 이론과 효과
3	3	11/16 (수)	이세정	드로잉	회화적인 표현능력 확대
4	3	11/17 (목)	정혜경	발상과 표현	토이 디자이너로서의 사고와 표현법
5	3	11/23 (수)	정혜경	아이디어 스케치	제품으로 만들어지게 될 완구를 대한 아이디어 스케치
6	3	11/24 (목)	최경희	TEDDY BEAR의 역사	TEDDY BEAR의 탄생과 제작 과정
7	3	11/30 (수)	최경희	섬유의 특성이해	TEDDY BEAR 제작을 위한 타올, 모헤어, 본넬등의 섬유특성 이해
8	3	12/ 1 (목)	원명희	패턴의 원리	평면의 패턴에서 입체화 되는 과정
9	3	12/ 7 (수)	원명희	입체조형	입체물제작의 특성이해
10	3	12/ 8 (목)	원명희	완구의 구조	각종 동물의 형태를 의인화하여 디자인하는 방법
11	3	12/12 (월)	원명희	표정의 이해	동물이 갖고 있는 특징과 표정을 이해하고 완구에 접목시키는 과정
12	3	12/14 (수)	최경희	니들펠팅의 의미	WOOL 원사를 완구에 사용하는 방법이해
13	3	12/15 (목)	최경희	의상 및 소품	완구에 사용되는 소품과 의상 디자인
14	2	12/19 (월)	유현배	디지털 사진 촬영	완구 샘플 시현을 위한 디지털사진매체 활용법
15	2	12/21 (수)	이세정	완구 일러스트레이션	완구라는 컨셉을 가진 목표지향적인 이미지 제작
16	4	12/22 (목)	유현배	작품전	토이디자인 작품전

▷ 플라워 디자인 분야

- 이론적 지식과 전문적 기술을 기본으로 한 과학적이고 체계적인 전문 화훼장식가 양성
- 국가 경쟁력 성장과 더불어 소비가 늘어가고 있는 화훼류에 대하여 화훼 장식품의 제작으로 새로운 부가가치를 창출하고, 이에 따른 이론적 지식과 함께 전문적 기술을 기본으로 한 과학적 · 체계적 · 전문적 화훼장식가 양성

〈표〉 플라워 디자인(Flower Design) 교육과정

플라워 디자인 교육프로그램

차시	시수	일시	강사명	강의명	주요내용
1	3	11/18(금)	김정숙	화훼장식이란?	화훼장식 의의, 역사, 종류, 가공
2	3	11/23(수)	장꽃님	꽃다발/라운드, 리본접기	꽃다발/라운드, 리본접기
3	3	11/25(금)	김정숙	테이블 장식	테이블 장식 기초 디자인
4	3	11/30(수)	장꽃님	일반적인 꽃다발	꽃다발/일방화, 한송이/다발 포장
5	3	12/ 2(금)	김정숙	부케, 코사지	부케, 코사지
6	3	12/ 7(수)	장꽃님	기본형 바구니	기본형 바구니
7	3	12/ 9(금)	김정숙	가공품 만들기	가공품 만들기
8	3	12/14(수)	장꽃님	기본형 어렌지	기본형 어렌지
9	2	12/15(목)	김정숙	응용 바구니	변형 바구니, 상품용 바구니
10	2	12/16(금)	유현배	디지털 사진 촬영	샘플 시현을 위한 디지털사진매체 활용법
11	2	12/20(화)	이세정	플라워 일러스트레이션	컨셉을 가진 목표지향적인 이미지 제작
12	4	12/22(목)	유현배	작품전	플라워디자인 작품전

(3) 사업의 운영성과

① 운영성과

▷ 문화관광부, (사)전국문예회관연합회 주관 『2006년 지방문예회관 문화예술 우수 교육프로그램』 선정

▷ 경영일반프로그램에 대한 결과로서 사회구성원으로서의 자신감은 대체적으로 만족(91%)하였으나, 창업에 대한 자신감은 70%정도 미흡함 나타났고, 교육을 바탕으로 창업으로의 연계가능여부에 대해 묻는 질문에서는 그저그렇다 52%, 대체로 그렇지 않다 27%로 대체적으로 창업과 연계하기는 어렵다는 반응을 나타냄

▷ 토이디자인 및 플라워디자인 교육프로그램의 만족도는 대체적으로 경영일반 교육과정에 비하여 만족도가 높게 나타남

② 평가

▷ 현장교육이나 실기의 교육에 대한 프로그램 이해도 및 만족도가 높은 반면 전문적이고 이론적인 과정에 대한 만족도가 낮음

▷ 장애인 직업교육 시스템의 차별화를 통한 지역사회의 장애인에게 차별화된 교육제공 및 새로운 장애인 직업모델 제시

③ 문제점 및 개선방안

▷ 일반인을 물론 장애인을 대상으로 하는 창업 교육과정은 단기간 교육으로는 다소 무리가 따르므로 장기적이고 지속적인 교육지원이 필요

▷ 교육의 실효성을 거두기 위해서는 일회성 프로그램에서 그치지 않고 전년도 사업에 대한 추가 지원에 대한 계속적 지원방안마련 시급

6) 대학생 정보화(ERP) 능력 개발

(1) 개요 및 목적

① 개요

▷ 기업에서 실질적으로 필요로 하는 인재양성을 위해 교과과정외의 다양한 교육프로그램을 개발하여, 학생들에게 제공하고, 지원하여 지역사회에서 필요로 하는 인재를 양성함

② 목적

▷ 충남의 대학 학생들에게 ERP교육프로그램을 지원, 지역사회와 산업체에서 필요로 하는 인재를 육성

▷ ERP회계인사 모듈 컨설턴트 자격증 취득을 통한 취업기회 제고 및 ERP전문 인력(컨설턴트)양성

③ 주관기관: 건양대학교

④ 참여기관 및 협력기관

▷ 천안백석대학, 천안 나사렛대학

▷ 강경정보고등학교, 논산여자상업고등학교 부여정보고등학교

▷ (주)더존다스(대전 · 충청지역), 중소기업청 대전 · 충남지방사무소

(2) 프로그램 운영내용

① 모집방법

▷ 건양대학교 및 천안 백석대학, 나사렛대학교 해당 프로그램 수강 희망자

▷ 외부교육기관으로 강경상업고등학교, 논산여자상업고등학교, 부여정보고등학교 수강 희망자 13명

▷ 주관대학 및 외부 교육기관(고등학교)의 프로그램 희망자

② 세부 프로그램

▷ ERP 회계 프로그램

- 기업 업무 프로세스의 이해 및 숙지를 통하여 기업실무에 즉시 활용 가능한 ERP전문 인력 확보를 위한 프로그램으로서 전문인력이 필요한 중소기업에게 안정적으로 인력을 공급할 수 있도록 함
- 시스템 실습을 통하여 기업 실무를 간접적으로 경험하고, 전문 인력으로 공인될 수 있는 자격증 취득을 용이하게 함

〈표〉 ERP 회계 프로그램 강의 내용

일자 (요일)	강 의 내 용
10/24 (월)	ERP의 정의와 역사
10/25 (화)	회계의 기초개념과 기본원리
10/26 (수)	회계의 기초개념과 기본원리
10/27 (목)	핵심ERP프로그램을 설치
10/28 (금)	회사의 기초정보관리등록
10/31 (월)	계정과목
11/1 (화), 2(수)	전표입력방법과 전표입력에 따른 장부조회방법
11/3 (목)	자금계획과 받을어음. 지급어음관리
11/4 (금)	예산책정과 편성방법
11/7 (월)	부가가치세
11/8 (화)	고정자산을 등록
11/9 (수)	계정과목별 회계처리
11/10 (목)	책임회계의 의미와 원가계산의미
11/11 (금), 14(월)	결산 방법과 재무제표 작성방법
11/15 (화)	실전모의고사 문제풀이
11/16 (수)	기출문제 문제풀이

▷ ERP 물류 교육프로그램

〈표〉 ERP 회계 프로그램 강의 내용

일자 (요일)	강 의 내 용
10/24 (월)	핵심ERP 소개, 핵심ERP 설치 및 실행, 핵심ERP 전체 프로세스, 핵심ERP 화면 사용방법
10/25 (화)	물류/생산 기초정보
10/26 (수), 27(목)	영업관리: 정상매출 프로세스
10/31 (월)	영업관리: 매출반품 프로세스, 영업현황, 영업분석
11/1 (화)	구매/자재관리: 정상매입 프로세스
11/2 (수)	구매/자재관리: 매입반품 프로세스, 구매현황, 구매분석, 재고관리, 재고/수불현황, 재고평가
11/3 (목)	무역관리: 수출 프로세스
11/7 (월)	무역관리: 수입 프로세스
11/8 (화)	생산관리: 자체생산 프로세스
11/9 (수)	생산관리: 외주생산 프로세스
11/10 (목)	생산관리: 재공관리, 생산/외주/재공현황, 기초정보관리
11/11 (금)	물류/생산 자격시험대비 특강
11/14 (월)~16일	ERP 물류 자격시험 기출문제 풀이
11/20 (일)	ERP 실무1급 자격시험 시행일
11/21 (월)	ERP 자격시험 풀이

(3) 운영성과 및 효과

① 운영성과

▷ 1차 자격증 합격률은 15%이며, 단기간 실시된 교육으로 인한 결과로서 2차 ERP교육 실시 후 합격률이 상승할 것으로 기대됨

② 프로그램 효과

▷ ERP 실습을 통해 정보의 중요성과 효과를 체험할 수 있음. 단편적인 회계정보의 처리가 통합되어 중요한 정보로 가공되는 과정을 체득함으로써 정보 전산화 중요성을 체험하게 됨

▷ ERP 운용능력을 키울 수 있으며 유사 정보시스템에 대한 적응능력도 향상시킬 수 있음. 즉 실습을 통해 운용해본 애플리케이션 뿐만 아니라 단위 회계 패키지나 유사 ERP 패키지를 운용할 수 있는 능력을 갖게 됨

▷ 이 과정을 통해서 기업의 실무를 익힐 수 있고 향후 경영관련 과목 습득 시 실

무환경을 적용시킬 수 있는 능력을 키우게 됨. 즉 경영학 교재에서 소개되는 경영개선전략이나 이론 들을 실제 상황에 적용할 경우를 가상할 수 있어 보다 깊은 이해가 가능

▷ 충남지역의 중소기업들 측면에서의 기대효과

- 기업실무에 즉시 활용 가능한 전문 인력 확보
- ERP 시스템 도입 및 운영 시 필요한 ERP 전문 인력 확보
- ERP 전문 인력을 충남지역대학으로부터 안정적으로 공급 받을 수 있게 됨
- ERP 시스템의 원활한 운영으로 인하여 경쟁력 확보 도움

(4) 평가

① 대학의 취업률 제고와 지역발전에의 기여

▷ 건양대학교의 특성화 전략의 중심인 자격증취득 교육이 보다 활성화 전문화 되어 취업률 제고

▷ 충남지역 중소기업의 정보화에 중추를 담당할 인재를 배출함으로써 충남지역 정보화에 기여

▷ ERP를 중심으로 한 충남지역 기업과의 산학협력 강화

② 외부 교육기관 교육 경쟁력 강화

▷ 현장 적응력을 제고할 수 있는 교육기회 제공

▷ 더존 다스의 ERP프로그램이 지역 실업계 고등학교에 보급됨으로서 계속적인 ERP 프로그램 교육이 가능

③ 충남도내 중소기업의 정보화 경쟁력에 기여

▷ 기업의 수요예측 및 생산계획 납품일정계획을 통한 고객서비스 증대가 가능하고 업무의 표준화 자료의 표준화에 의한 시스템 통합으로 정보의 일관성 유지 관리의 중복 배제, 업무의 능률 향상에 기여 할 것임

▷ 신속하고 정확한 경영지표를 모니터링 해주어 기업환경 변화에 사전 대처를 가능케 할 것임

④ 지역혁신 및 지역발전에의 기여

▷ 충남지역에서 필요로 하는 정보화 인재를 양성, 배출함으로써 지역인재의 역외

유출을 막고 지역경제발전에 기여며, 충남지역 중소기업의 정보화를 촉진하여 지역산업의 생산성을 높임

▷ 사업을 중심으로 구축된 산학관네트워크를 지속적으로 운영하여 지역혁신을 지속적으로 이룸

(5) 문제점 및 개선방안

ERP 뿐만아니라 모든 교육들이 초기에는 잘 수행되나 심화과정에 대한 개설의 기회가 없거나, 지원규모가 작아지므로 교육의 실효성을 거두기에는 미흡하며 이를 위한 대책이 필요함.

참고문헌

강정구. 2000. **현대학습심리학.** 서울: 문음사
기영화. 2003. **평생교육프로그램개발.** 서울: 학지사
권건일. 2000. **교육학개론.** 서울: 양서원
권이종 외. 2000. **평생교육의 실제.** 서울: 교육과학사
김남선, 2000. **평생교육개론.** 서울: 형설출판사
---------, 2002. **평생교육방법론.** 서울: 두남
김대현 외. 2001. **교육과정 및 교육평가**. 서울: 학지사
김동건. 1997. **비용 · 편익분석**. 서울: 박영사
김성국. 2000. **조직과 인간행동.** 서울: 명경사
김신일 외. 2002. **평생교육경영학.** 서울: 한국방송통신대학교 출판부
김인회. 1993. **한국교육의 역사와 문제**. 서울: 문음사
김진규. 2002. **프로그램 평가방법.** 서울: 학지사
김진화. 2000. **평생교육프로그램개발의 이론과 실제.** 서울: 교육과학사
김희수. 2001. **인간자원개발의 이론과 실제.** 서울: 원미사
김홍국. 2000. **경력개발의 이론과 실제.** 서울: 다산출판사
김홍배. 2000. **비영편인분석론**. 서울: 홍문사
박연호. 2000. **조직행동론.** 서울: 박영사
박종백. 1998. **목표에 의한 전략 경영.** 서울: 한국능률협회
배수진. 1997. **경영학 원론.** 서울: 학문사
백기복. 1992. **조직 행동 연구.** 서울: 법문사
변영계. 2001. **교수-학습이론의 이해**. 서울: 학지사
이동원. 1997. **인간교육과 협동학습**. 서울: 성원사
이재창 외. 1995. **인간이해를 위한 심리학.** 서울: 문음사
이학종. 1999. **조직개발론.** 서울: 법문사
---------. 1995. **인적자원관리**. 서울: 세경사
이형득 외. 1998. **인간이해와 교육**. 서울: 중앙적성출판사
임규혁. 2001. **교육심리학**. 서울: 학지사

임승권. 2000. **교육의 심리학적 이해**. 서울: 학지사

양창삼. 2999. **조직행동의 이해.** 서울: 법문사

오석홍. 1989. **조직이론.** 서울: 박영사

오세철. 1998. **조직행동론**. 서울: 박영사

유승우. 1998. **인간자원개발**. 서울: 문음사

왕기항 외 공저. 2001. **교육조직론 탐구**. 서울: 학지사

장원섭. 2004. **인적자원개발론.** 서울: 학지사

천연희. 2000. **기업교육의 실제**. 서울: 교육과학사

충남인적자원개발지원센터. 2005. 충남인적자원개발사례 내부자료.

최정훈 외. 1993. **인간행동의 이해.** 서울: 법문사

하인호. 1998. **지식사회로 가는길**. 서울: 청하

한상길. 2001. **성인평생교육.** 서울: 양서원

한숭희. 2004. **평생교육론.** 서울: 학지사

허운나. 1993. **산업교육 요구분석**. 서울: 배영사

황안숙. 1999. **인적자원개발.** 서울: 양서원

Bass, Bernard M., & Vaughan James A. 1996. Training in industry: The management of ;earning. Belmont, CA: Wadsworth Pub. Co.

Beer, Mjchael. 1980. *Organization change and development: A systemview. Santa monic,* CA: goodyear Publishing.

Bowers and Associates. 1976. *A guide to needs assessment in community education.* Washington, D.C. : U.S. Government Printing Office.

Camevale, Anthony P., Gainer, Leila J., & Villet, Janice. 1991. *Training in America: The organization and strategic role of training Sanfranciso*, CA: Jossey-Bass.

Cervero, Ronald M. 1988. *Effective continuing education for professions.* san Francisco. CA: Jossey-Bass

Chalofsky, Neal E., & Lincoln, C. I. 1983. *Up the HRD ladder: A guide for professional growth.* Reading, MA: Addison-Wesley

Cummings, T. G. 1980. *System theory for OD.* New York: Wiley

Dalton, Gene W., & Thompson, Paul H. 1985. *Novations: Strategies for career management.* Glenview. IL: Scott, Foresman

Ferrin, Richard I., & Arbeiter, Solomen. 1975. *Bridging the gap: A study of education-to-the work*. Princeton. NJ: College Entrance Examination Board.

French, Wendell L., & Bell Jr., C. H. 1978. *Organizational development: Behavioral science interventions for organization improvement (2nd ed)*. Sanfrancisco. CA: Jossey-Bass.

Gilley, Jerry Wayne, & Eggland, Steven A. 1989. *Principles of human resource development*. Reading. Ma: Addison-Wesley

Goldstein, I. L., & Associates. 1989. *Training and development in organizations*. Sanfrancisco. CA: Jossey-Bass.

Knowles, Malcolm Sheptherd. 1980. *Modern practice of adult education: From pedagogy to andragogy*. Chicago. IL: Follett Pub. Co.

Laird, Dugan. 1985. Approaches to training and development 2nd ed.). Reading. MA: Addison-Wesley

Lawson, Kenneth H. 1979. *Philosophical concepts and values in adult education (rev. ed.). Milton Keynes*. England: The Open University Press.

찾아보기

■ 저자 소개

···김 남 선

서울대학교 농촌사회교육학과 졸업
서울대학교 대학원 농촌사회교육학과 교육학 석사
서울대학교 대학원 농촌사회교육학과 교육학 박사
현 대구대학교 행정대학 도시과학부 지역사회개발·복지학과 교수
영남평생교육학회 회장
한국평생교육학회 차기회장
저서: 평생교육개론, 평생교육방법론, 청소년교육개론, 여성교육개론 외 다수

···김 만 희

대구대학교 지역사회개발학과 졸업
대구대학교 대학원 지역사회개발학과 행정학 석사
대구대학교 대학원 지역사회개발학과 행정학 박사
대경대학 겸임교수
현 대구대학교 평생교육연구소 연구원
대구대학교, 대구한의대, 대구사이버대학교, 한국방송통신대 출강

인간자원개발론

1판1쇄 — 2006년 6월 9일
1판4쇄 — 2011년 9월 9일

지은이 — 김남선 · 김만희

펴낸이 — 홍 덕 률

펴낸곳 — 대구대학교출판부
주소 — 경상북도 경산시 진량읍 대구대로 201
전화 — (053)850-5661~3
팩스 — (053)850-5669
등록번호 — 경산 제11호

찍은곳 — 동아문화사

정가 9,000원

ISBN 89-7794-387-6-93350